サクッとわかる

ビジネス教養

金融学

塚本俊太郎 監修

金融教育家

新星出版社

はじめに

introduction

「金融」は、私たちにとって必要不可欠なもの。金融への理解を深めて、日々の生活をより豊かなものにしよう！

金融と聞くと、「金融って難しそう」、「私には無理かも…」と思っている人は多いかも知れません。しかし、だれもが日々お金を使っていますし、お金を切り離して生活を送ることはできませんよね。実は、自分が使ったお金が社会に巡り巡っていくことが「金融」なんです。例えば、コンビニで買ったチョコレート、あなたはコンビニで代金を支払います。コンビニはチョコレートメーカーにお金を払い、製造メーカーはカカオ豆の生産者にお金を払う。そうすることで、コンビニだけでなく、各メーカーにも生産者にもお金が回る。こういった社会の経済活動にお金が使われています。こう聞けば、金融が難しいものではなく、身近なものに感じられませんか？

本書は、Chapter 1「金融の超基本」、Chapter 2「金融投資の基本」、Chapter 3「投資商品の種類」、Chapter 4「金融の現状とこれから」の4つのChapterで構成しています。また、1つの項目を、イラストを活用してできるだけ平易な解説で理解しやすくしていますので、気軽に読み進められると思います。基礎から学びたい人は、Chapter 1から順に、特定の項目に興味がある人は、順番にこだわらずに読んでいただいてかまいません。

本書で金融を学べば、日々何気なく目にしている「円安」「インフレ」「マイナス金利解除」といったさまざまなニュースが、自分の生活にも影響していることがわかります。そうなると、自分と社会が金融を通じて繋がっていることが実感でき、日々の生活がもっと楽しくなっていくはずです。

高校生の時に社会科で金融について学んだけれど、縁遠くてわからなかった方もいるかもしれませんね。私もその一人でした。そんな私ですが、新卒で運用会社に就職し、資産運用の仕事に携わった後、金融庁に転職しました。金融庁では、金融教育担当として学校で金融を教えていました。その際、「金融ってこんなに身近なものなんだ」と気付き、もっと多くの人に金融のことを知って欲しいと思うようになったのです。みなさんも本書をきっかけに、金融を身近に感じてもらえるとありがたいです。

塚本俊太郎

これからの時代、金融学は必須スキル！

学べば、世の中が見えてくる

金融は、私たちの生活と切っても切り離せないもの。しかし金融の知識がある人はあまり多くないのが現状です。

そんな人たちにこそ、学んでほしいのが金融学です！**金融学を学べば、お金や資産形成の知識が身につきます。**また、金融を意識することで政治、経済、社会問題、国際情勢といった**世の中の動向を把握できるようになるのも**メリットです。

これからの時代、金融学は必須スキル。金融を学んで、日常生活に、ビジネスに、活かしましょう。

「お金の5本柱」で 最強のお金を つくる！

お金を上手に活用することは、経済を回し、個人一人ひとりの人生も豊かにします。そのお金の活用の5本柱となるのが、「稼ぐ」「貯める」「守る」「使う」「育てる」です。しっかり「稼ぎ」、上手に「貯める」。そして、大事なお金を自ら「守り」、賢く「使って」、長期的に「育てる」。この5本柱を実践すれば、金融リテラシーを高め、不況や金融トラブルに負けない「最強のお金」をつくれます。

最強のお金をつくるためにも、金融の知識を身につけることが大切です。

人生100年時代「お金の準備」が

結婚
家族全体の
ライフプランも考えて
家計管理・資産形成を
しよう
資産形成をスタート
長期・積立・分散投資で
お金を育てていこう!

「人生１００年時代」といわれる昨今、長い人生においてライフイベントにどのくらいお金が必要か計画を立て、準備しておくことがスタンダードとなりつつあります。お金の準備をしておけば、充実したセカンドライフや夢の実現、さまざまなピンチへの対応も可能です。

お金の準備に有効なのが資産形成です。余裕のある資金を投資に回してお金を増やしていけば、豊かな人生を送る「蓄え」となります。今からでも遅くありません。お金の準備をはじめましょう!

スタンダード!

SHOP
定年退職
資産形成を続けながら
充実したセカンドライフを
過ごそう

サクッとわかるビジネス教養

金融学

CONTENTS

はじめに …… 2

これからの時代、金融学は必須スキル！　学べば、世の中が見えてくる …… 4

「お金の5本柱」で最強のお金をつくる！ …… 6

人生100年時代「お金の準備」がスタンダード！ …… 8

Chapter 1 金融の超基本

1 お金を融通する仕組み「金融」 …… 16

金融の形態には「直接金融」と「間接金融」がある …… 18

2 お金の3つの役割とお金の種類 …… 20

お金の価値はどうやって決まる？ …… 22

3 現金代わりに使える「電子マネー」 …… 24

4 銀行だけじゃない！　金融機関の種類 …… 26

各金融機関の業務内容を知ろう！ …… 28

5 中央銀行はなにをするところ？ …… 30

日本とアメリカの中央銀行の違いは？ …… 32

中央銀行がおこなう「金融政策」とは？ …… 34

6 資金を求める人と提供する人が出会う場所「金融市場」 …… 36

7 お金の価値が上がったり、下がったりする「インフレ・デフレ」……38
8 お金のレンタル料の割合「金利」……40
金利と経済の関係とは？……42
金利が変動する理由とは？……44
9 現金を送金しなくても海外と決済できる仕組み「外国為替」……46
10 外貨を基準にした円の価値の変動を表す「円高・円安」……48
Column 1 日銀が決定した「マイナス金利解除」ってなに？
私たちの暮らしはどうなるの？……50

Chapter 2

金融投資の基本

11 現在のお金と将来のお金の価値の違い……52
12 投資・投機・ギャンブルの違いを知ろう……54
13 インカムゲイン・キャピタルゲイン・キャピタルロスとは？……56
インカムゲイン・キャピタルゲインの注意点……58
14 投資のリスクとは？……60
投資のリスクとは利益と損失の変動幅のこと……62
あなたのリスク許容度はどれくらい？……64

投資リスクの種類 …… 66
15 リスクを抑える投資手法 …… 68
16 「利回り」ってなに？ …… 70
単利と複利を知ろう！ …… 72
17 証券市場の全体像 …… 74
証券取引所の役割と上場の意味 …… 76
証券会社の業務内容 …… 78
Column 2 コロナウイルスやウクライナ侵攻が金融に与えた影響
日本や世界はどうなった？ …… 80

Chapter 3

投資商品の種類

18 投資商品にはどんな種類がある？ …… 82
19 銀行預金 …… 84
20 株式 …… 86
株式投資で得られる3つの利益 …… 88
株価を動かす要因と株価指標 …… 90
21 債券 …… 92

- 債券の特徴と分類……94
- 債券の価格はどうやって決まる？……96

22 不動産投資……98
- 不動産投資のもうひとつの方法「REIT」ってなに？……100

23 投資信託……102
- 投資信託の特徴と得られる利益……104
- 投資信託なのに株みたいに売買できる「ETF」……106

24 外貨預金……108

25 FX……110
- FXのメリットとデメリット……112

26 デリバティブ商品……114

27 コモディティ投資……118

28 暗号資産（仮想通貨）……120
- 暗号資産でどうやって利益を得る？……122
- 暗号資産を支える3つの技術……124

29 機関投資家や富裕層向け「オルタナティブ投資」とは？……126

30 国が支援する資産づくりの制度「NISA」……128

STAFF

デザイン……鈴木大輔・仲條世菜（ソウルデザイン）
執筆……椎原よしき
DTP……ドットテトラ
イラスト……前田はんきち
校正……新井大介
編集協力……齊藤綾子

31 自分でつくる私的年金「iDeCo」……130
Column 3 オールスター銘柄と呼ばれる「マグニフィセント・セブン」とはどんなもの？……132

Chapter 4 金融の現状とこれから

32 金融の未来はどうなる？……134
お金の現状と未来……136
33 金融機関の未来はこうなる……138
34 金融業界もDXが進んでいる……140
金融業界のAI活用事例……142
35 CBDC（中央銀行デジタル通貨）は日本に導入される？……144
各国のCBDCはどのくらい進んでいる？……146
36 金融業界とSDGs……148
37 金融教育の現状と未来……150
おわりに……152
用語集……154

Chapter 1

金融の超基本

私たちに身近な金融を構成するパーツには、
通貨、金融機関、インフレ・デフレ、為替など
さまざまあります。
まずは、金融を構成するパーツの理解を深めましょう。

1

金融

お金を融通する仕組み「金融」

お金

金融の仕組み

中央銀行が発行したお金を、金融機関が橋渡ししながら融資、投資、貯蓄、交換などによってスムーズに流通させ、経済を発展させる仕組みです。

BANK ⇨ 企業
企業に融資
個人 ⇨ BANK
銀行に預金

私たちの社会には経済活動が欠かせません。働いてお給料をもらうのも、生活に必要なモノを売買するのも、企業が事業をおこなうのも、国が行政サービスを提供するのも、すべて経済活動の一部です。そして、**経済活動**をおこなう際に、その仲介役となっているのがお金です。

　私たちの社会を人体に例えるなら、そのなかでぐるぐる

個人 → 企業
企業に投資
企業 → 企業
企業に支払い
BANK → 個人
ローンを組む

循環しながら、必要なところに必要な栄養素を届ける役割をしているのが、お金です。もし、血管が目詰まりして血液の流れが滞ってしまえば、人体に悪影響が出てしまいます。同じように、社会のなかでお金の流れが滞ってしまうと、経済に大きな悪影響を与えてしまうのです。

そこで、社会のなかで、お金が必要ところに、きちんと届くように循環させる仕組みが必要となります。その仕組みが「金融」です。どんな人も金融と無縁で暮らすことはできないのです。

深掘り！ Finance

金融の形態には「直接金融」と「間接金融」がある

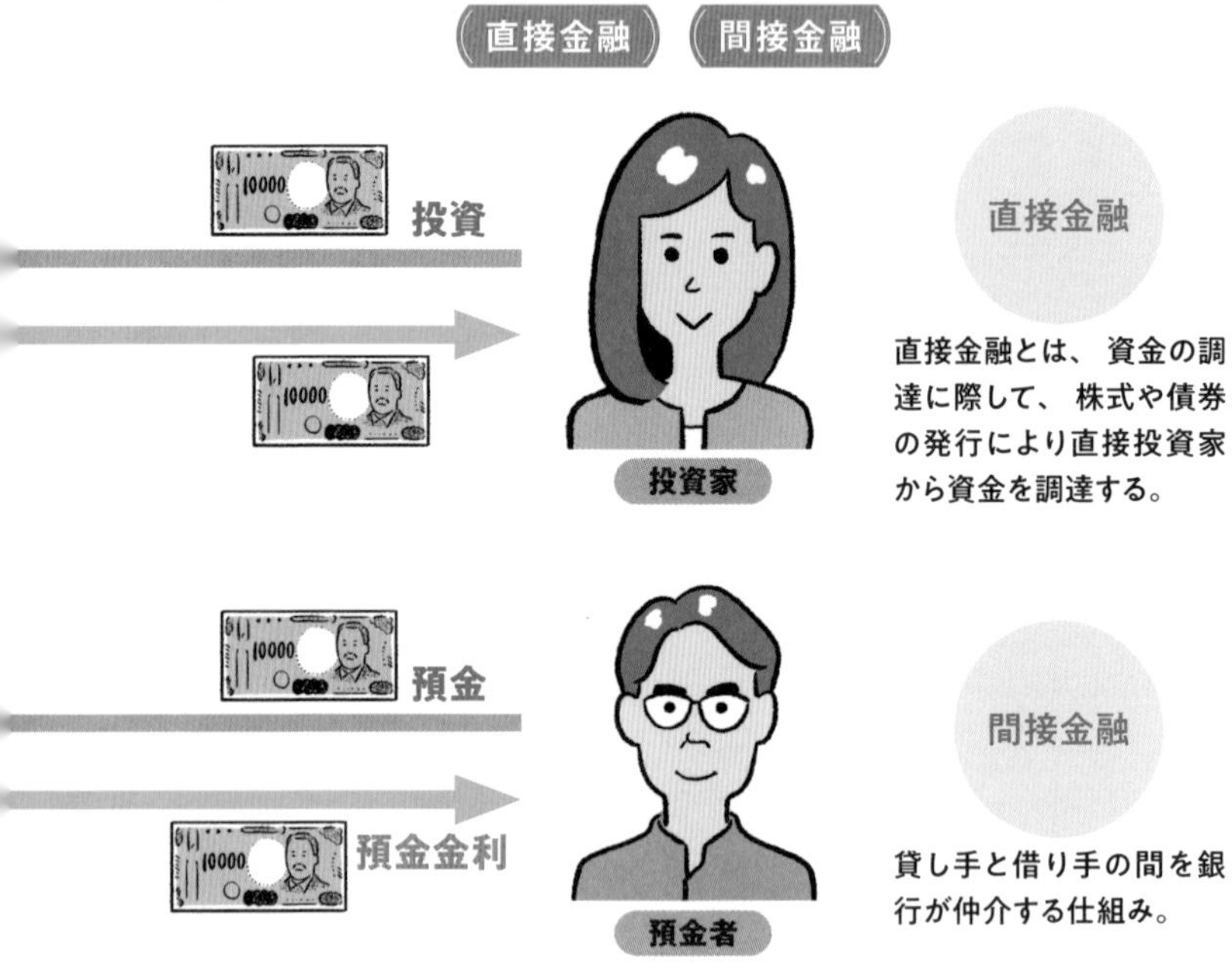
直接金融
間接金融
投資
投資家
直接金融
直接金融とは、資金の調達に際して、株式や債券の発行により直接投資家から資金を調達する。
預金
預金金利
預金者
間接金融
貸し手と借り手の間を銀行が仲介する仕組み。

金融は、簡単にいうと、お金に余裕がある人が足りない人にお金を融通することです。この金融には、「直接金融」と「間接金融」の2種類の形態があります。

直接金融とは、**資金を出す人が資金を受ける人に、直接資金を渡す形**の金融のことをいいます。例えば、企業が株式を発行して投資家から出資を受けたり、社債という債券を発行して融資を受けたりすることが直接金融の例です。この場合、株式の配当や社債の利息なども、企業から投資家に直接支払われます。

POINT

直接金融と間接金融のリスクの担い手

直接金融は投資した個人が、間接金融は銀行が資金を提供した先の返済リスクを負います。

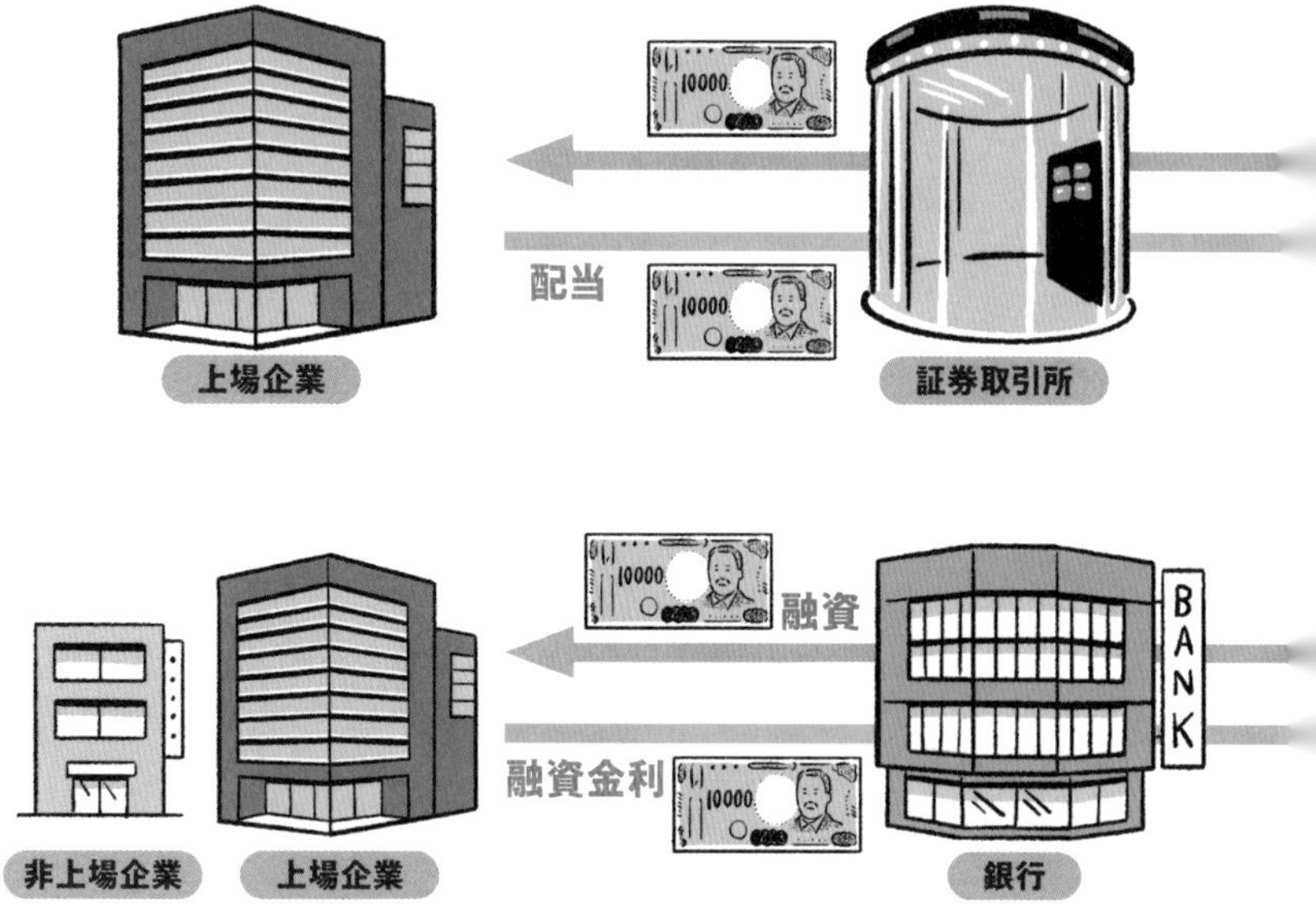
配当
上場企業
証券取引所
融資
BANK
融資金利
非上場企業
上場企業
銀行

一方、間接金融では、資金は銀行（金融機関）に貯められて、銀行を介して融通されます。具体的には、資金の出し手は、預金という形で銀行に資金を預けます。また、資金の受け手は、融資という形で銀行からの資金を受け取ります。そして、受け手は銀行に融資金利を支払い、出し手は銀行から預金金利を受け取ります。

いわば、銀行というダムにまとまった資金が貯められ、銀行が融資先を選び、その資金を提供する、それが間接金融です。

お金の3つの役割とお金の種類

貨幣

紙幣

現金通貨

預金通貨

お金の役割

お金には「価値尺度」「価値交換」「価値貯蔵」の3つの役割があります。

役割1

価値尺度

役割2

価値交換

役割3

価値貯蔵

お金には、「価値尺度」「価値交換」「価値貯蔵」の、３つの役割があります。

価値尺度とは、例えば、リンゴは１個１００円、メロンは１個３０００円など、そのモノやサービスの価値を、お金で表すことができるという意味です。

価値交換とは、価値を持つモノやサービスとお金を交換できる役割です。

お金の種類

日本で流通しているお金には紙幣と貨幣（硬貨）があり、紙幣の正式名称は「日本銀行券」です。また、預金も通貨の一種として扱われます。

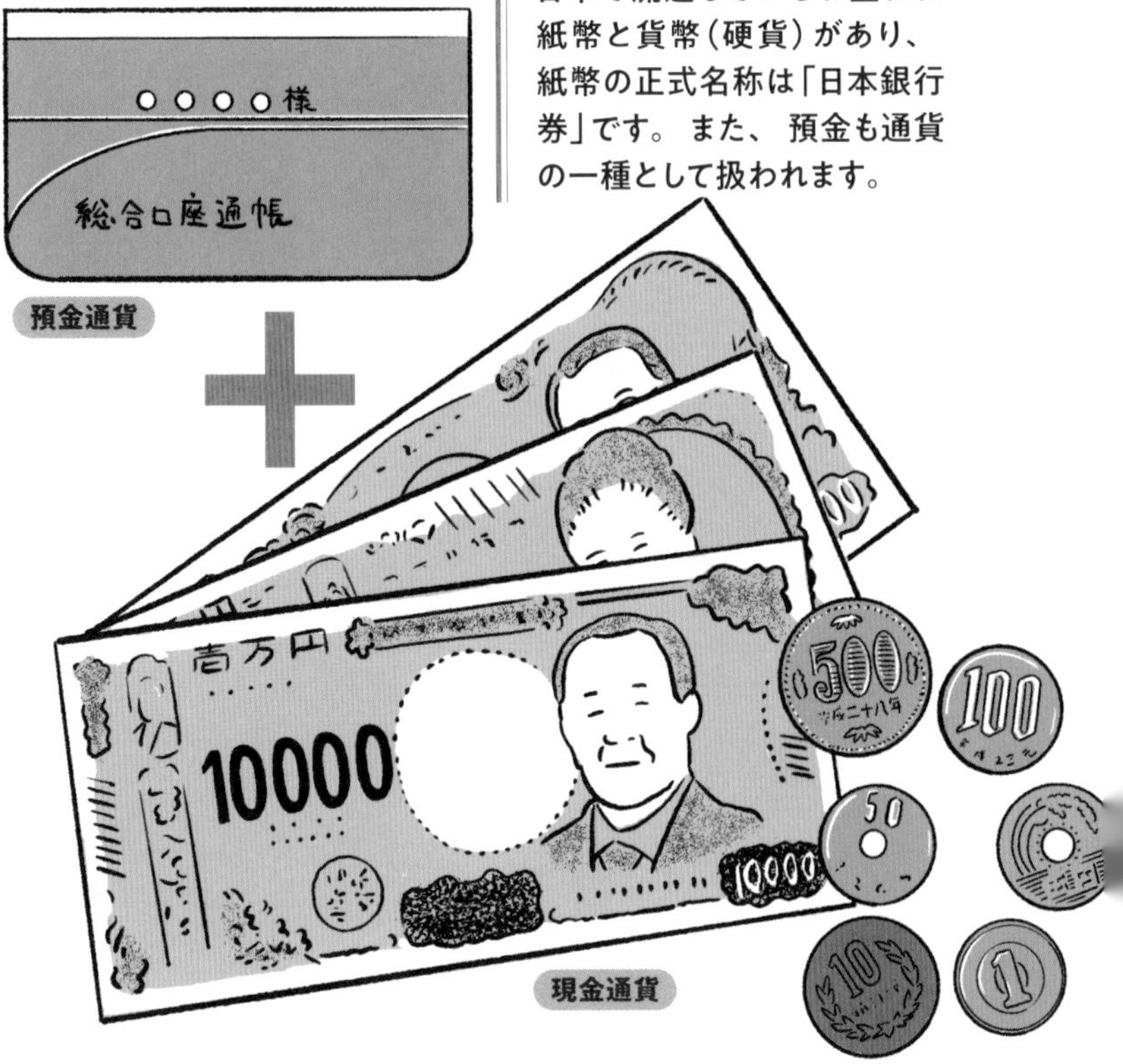

また、お金は変質したり傷んだりすることがほぼないため、お金を保管しておけば、長期間変わらない価値を保管しておくことができます。これを価値貯蔵といいます。

もし、お金にこれらの役割がなければ、大変なことになるのがわかるでしょう。

現在、日本に流通しているお金には、紙幣と貨幣（硬貨）があります。また、経済統計の集計の際には、預金も通貨として扱われます。紙幣と貨幣は「現金通貨」、普通預金や当座預金などは「預金通貨」といいます。

深掘り！ Finance

お金の価値はどうやって決まる？

日本銀行法　管理通貨制

お金には価値があります!
日本銀行
政府
ただの紙と金属に価値があるの?

紙幣や貨幣は、モノとして見れば、ただの印刷された紙や鋳造された金属です。それが、1万円、500円といった価値を持つのは、国（中央銀行や政府）が発行していることによる「信用」が背景にあるためです。

その信用は、法律によっても担保されており、例えば、日本銀行券での支払いがなされたときに、支払われた人はそれを拒否することはできないことが「日本銀行法」という法律で定められています。これを、通貨の「強制通用力」といいます。

日本銀行と政府が
いうなら
信用します
価値がある!

POINT

貨幣は使える枚数が決められている

日本銀行券は、「日本銀行法」で「無制限に通用する」と規定されていますが、貨幣（硬貨）は「通貨の単位及び貨幣の発行等に関する法律」で20倍（20枚）までと定められています。

以前は、通貨の信用は「金（ゴールド）」によって保証されていました。中央銀行は、発行した紙幣の額と同等の金を保有しており、求めれば紙幣を金と交換できたのです。このように、通貨の最終的な価値が金によって保証される体制のことを「金本位制」、金と交換可能な紙幣を「兌換《だかん》紙幣《しへい》」といいます。

現在、各国は国の信用力で通貨を管理する「管理通貨制」に移行しています。管理通貨制の下で、金との交換ができない紙幣は、「不換紙幣」と呼ばれます。

3

電子マネー

現金代わりに使える「電子マネー」

プリペイド

ポストペイド

デビット

電子マネーとは

電子マネーは、電子データ化されたお金のことです。現金の代わりに使え、現金を持ち歩く必要がないのが最大のメリットです。

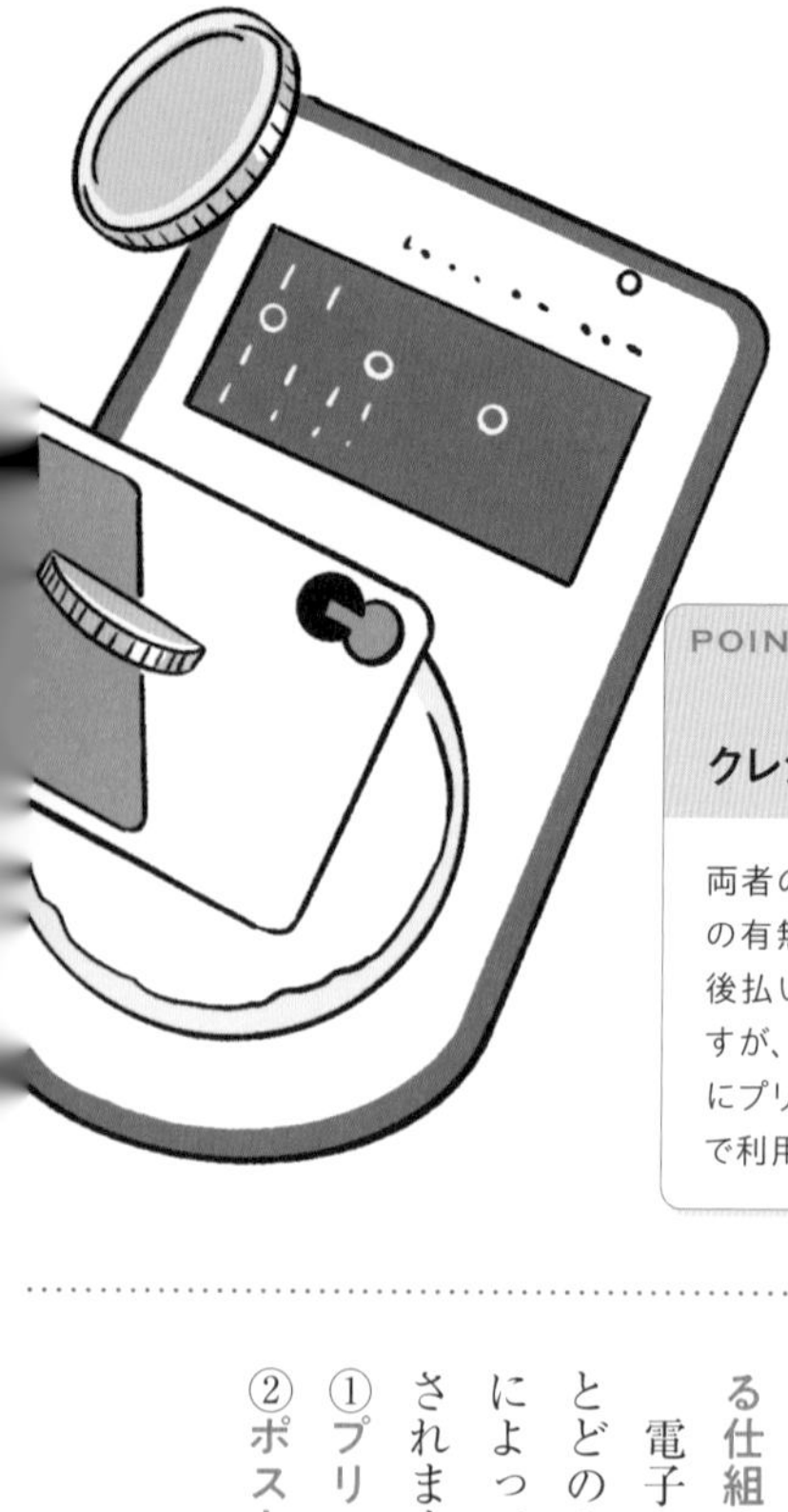

POINT

電子マネーとクレジットカードの違い

両者の大きな違いは、審査の有無。クレジットカードは後払いのため審査が必要ですが、電子マネーは基本的にプリペイドのため審査なしで利用できます。

電子マネーとは、専用アプリがインストールされたスマホやカードなどの電子情報を、専用端末に読み取らせることにより決済ができる仕組みのことです。

電子マネーは、実際のお金とどのように紐付けられるかによって、3つの方式に分類されます。

①プリペイド（前払い）方式

②ポストペイド（後払い）方式

電子マネーの3つの支払い方法

プリペイド

電子マネーに、事前にお金をチャージして使う。Suica、WAONなど。

ポストペイド

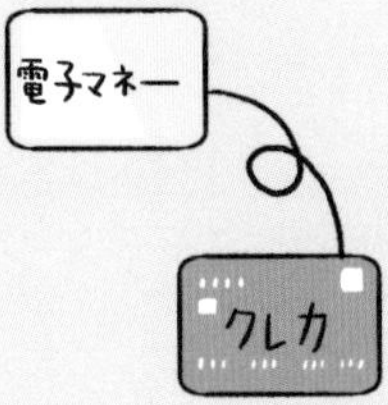

クレジットカードと紐付けて、後から精算する。

デビット

銀行口座から即時引き落とされる。

③デビット（即時払い）方式

　このうち、もっとも普及しているのが①のプリペイド方式です。単に「電子マネー」という場合には、プリペイド方式のみを指すことがあります。

電子マネーのメリットは、**現金を持ち歩く必要が**ないこと、支払いがスピーディーにできること、基本的に審査なしで利用できることなどです。ただし、チャージ不足やスマホのバッテリー切れなどで使えないことがあること、**比較的少額の支払いにしか使えない**ことなどがデメリットとしてあげられます。

4

金融機関

銀行だけじゃない！ 金融機関の種類

中央銀行

公的金融機関

民間金融機関

いろいろある金融機関

金融機関は、中央銀行、公的金融機関、民間金融機関の大きく3つにわかれています。

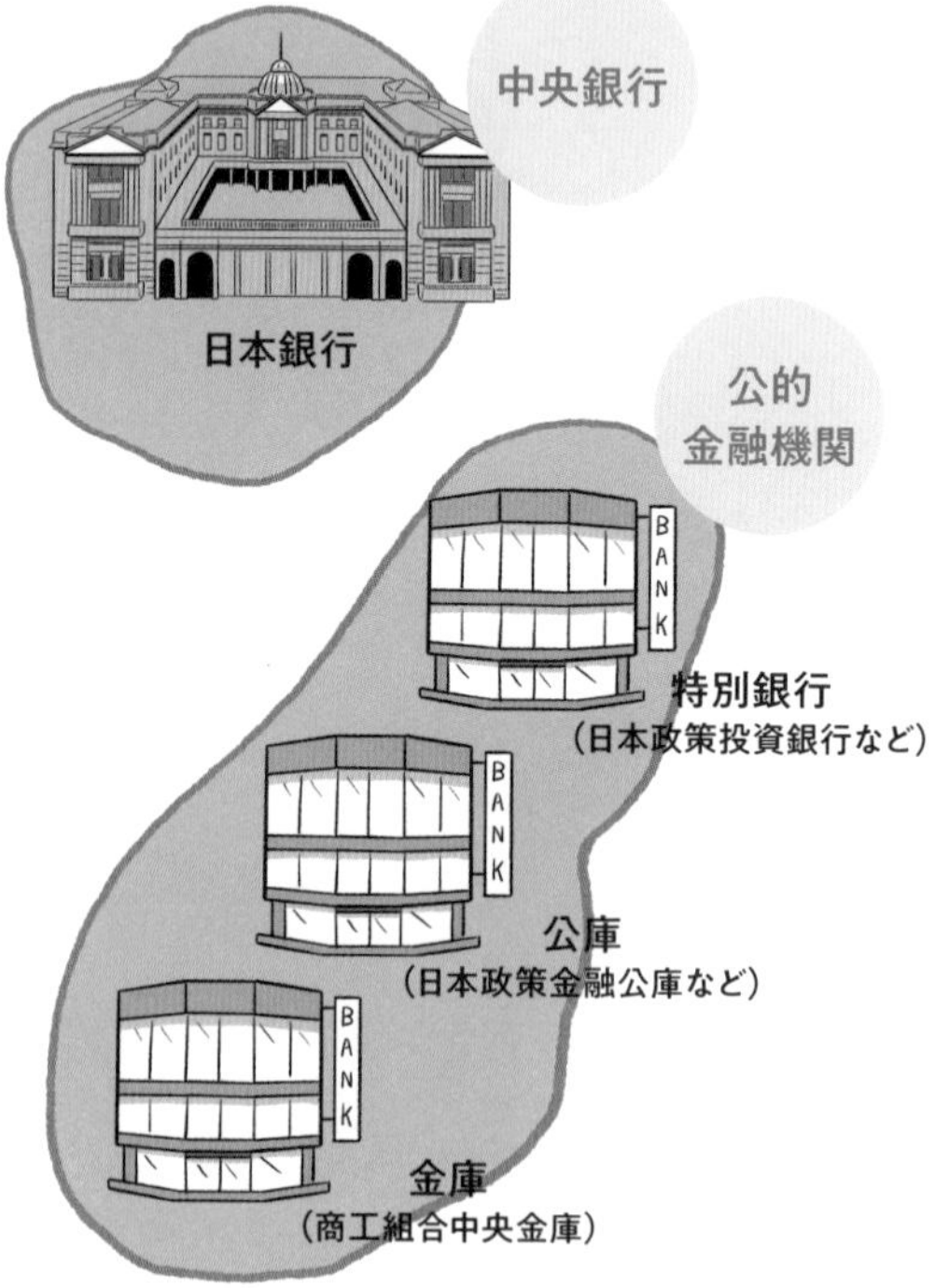

中央銀行
日本銀行
公的
金融機関
特別銀行
（日本政策投資銀行など）
公庫
（日本政策金融公庫など）
金庫
（商工組合中央金庫）

金融機関にはさまざまな種類があり、いくつかの観点から区分できます。

まず、唯一通貨を発行することのできる銀行として、中央銀行があります。中央銀行は、一般の個人や企業は取引できません。

その他の金融機関は、公的金融機関と民間金融機関とにわけることができます。

公的金融機関は、産業促進

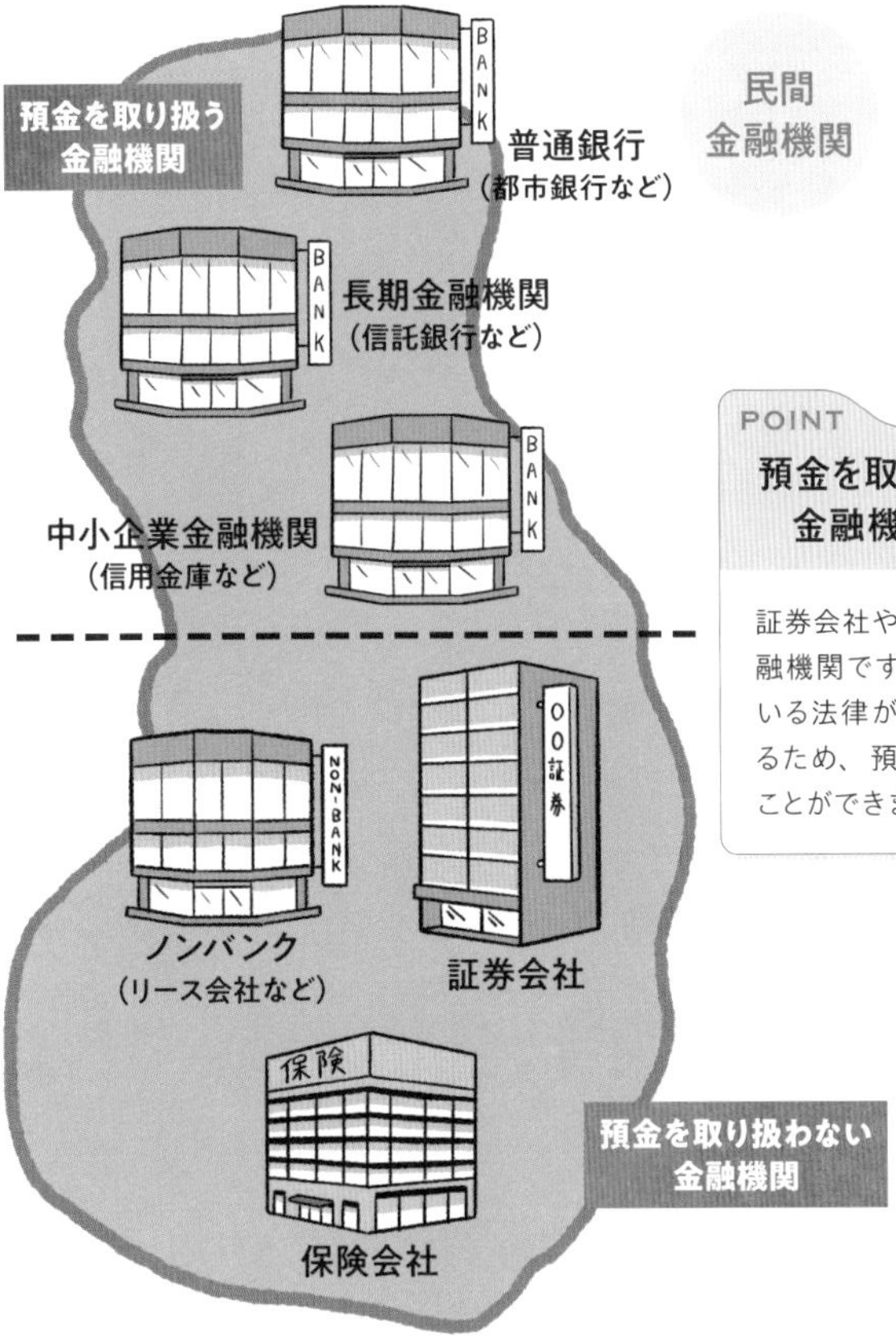
民間
金融機関
預金を取り扱う
金融機関
普通銀行
（都市銀行など）
長期金融機関
（信託銀行など）
中小企業金融機関
（信用金庫など）
ノンバンク
（リース会社など）
証券会社
保険会社
預金を取り扱わない
金融機関

POINT

預金を取り扱わない金融機関もある

証券会社や保険会社も金融機関ですが、管理している法律が銀行とは異なるため、預金を取り扱うことができません。

など政策的な観点から、民間金融機関ではカバーしづらい領域の金融を担うために設けられているものです。日本政策金融公庫などが該当します。

民間金融機関は、さらに預金の取り扱いの有無によりわけられます。

預金を取り扱うことができる金融機関は、「普通銀行」、信託銀行などの「長期金融機関」、信用金庫などの「中小企業金融機関」が該当します。

一方、預金を取り扱わない民間金融機関には、保険会社、証券会社、ノンバンクがあります。

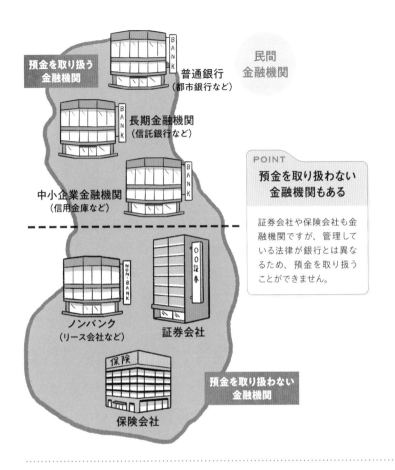

深掘り！
Finance

各金融機関の業務内容を知ろう!

中央銀行　公的金融機関　民間金融機関

中央銀行の業務

金融機関名	業務内容	利用者
日本銀行	日本銀行券の発行、金融調整など	金融機関 政府、外国政府

公的金融機関の業務

金融機関名	業務内容	利用者
特別銀行	政策的なプロジェクトへの融資など	政府、企業
公庫、金庫	個人、企業向け融資など	個人、企業

私たちにもっとも身近な金融機関である銀行は、多くの種類があり、それぞれ特徴があります。

「メガバンク」と呼ばれる都市銀行は、全国に多くの支店とＡＴＭ網を持ち、また海外にも支店があり、海外取引も含めた幅広い業務をおこなっています。現在、三菱ＵＦＪ銀行、三井住友銀行、みずほ銀行などがメガバンクです。

　地方都市に本店を持ち、都道府県など、一定の地域のみを対象として銀行業務をおこなうのが、地方銀行、第二地

預金を取り扱う民間金融機関の業務

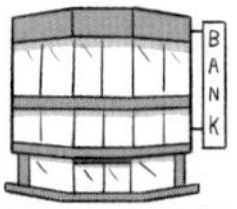

金融機関名	業務内容	利用者
普通銀行	預金、融資、送金など	個人、企業
長期金融機関	銀行業務、信託業務、併営業務	個人、企業
中小企業金融機関	預金、融資、送金など	中小企業、個人などの会員・組合員

預金を取り扱わない民間金融機関の業務

金融機関名	業務内容	利用者
保険会社	保険商品の販売	個人、企業
証券会社	有価証券等の販売	個人、企業
ノンバンク	融資業務、クレジットカード業務など	個人、企業

方銀行です。

また、会員制度による協同組織として運営される非営利の金融機関が、信用金庫です。一般的には営業地域は、地方銀行よりもさらに狭い範囲となります。

信託銀行は、通常の銀行業務のほかに、信託業務などをおこなう銀行です。信託業務とは、個人や企業などが持つ財産を、信託の設定によって管理・運用することを指します。さらに、遺言管理や遺言執行業務といった併営業務も、信託銀行のみがおこなうことができます。

5

中央銀行

中央銀行はなにをするところ?

中央銀行

日本銀行

中央銀行の役割

中央銀行には、「銀行の銀行」、「政府の銀行」、「発券銀行」の3つの役割があります。

政府の銀行
政府の資金を管理する役割をしています。
銀行の銀行
BANK
民間の銀行にお金を貸したり、預かったりしています。

中央銀行とは、国または地域の金融の中核となる公的銀行のことです。通常、各国またはEUなどの地域に1行のみ存在します。

日本の中央銀行は、日本銀行です。よく誤解されますが、中央銀行は、政府から独立した別組織です。日本銀行は株式会社であり、東京証券取引所に上場もしています。

世界の中央銀行一覧

国名	中央銀行の名称	略称
日本	日本銀行	BOJ
アメリカ	連邦準備制度理事会	FRB
カナダ	カナダ銀行	BOC
イギリス	イングランド銀行	BOE
欧州連合	欧州中央銀行	ECB
オーストラリア	オーストラリア準備銀行	RBA
ニュージーランド	ニュージーランド準備銀行	RBNZ
中国	中国人民銀行	PBC
南アフリカ	南アフリカ準備銀行	SARB
メキシコ	メキシコ中央銀行	BOM
トルコ	トルコ中央銀行	TCMB

POINT

世界各国に中央銀行はある!

中央銀行は各国に存在しています。ただし、ユーロ通貨圏はECBが20カ国の統一的な金融政策を担っています。

用語解説

中央銀行とは?

国家や特定の地域の金融機構の中核となる機関のこと。

発券銀行
銀行券を独占発行する役割もあります。

中央銀行の役割は、大きく3つにわけられます。

(1)銀行の銀行

民間銀行に対して、資金を貸し出したり、逆に民間銀行から資金を預かったりする役割です。さらに、決済システムを提供し、民間銀行間の資金決済も保証しています。

(2)政府の銀行

政府の資金(税金)を預かったり、政府の資金の支払い管理などを担ったりします。

(3)発券銀行

その国の紙幣(通貨)を発行する役割です。日本銀行は日本銀行券を発行しています。

深掘り！ Finance

日本とアメリカの中央銀行の違いは？

中央銀行　日本銀行　FRB

日本銀行の目的

日本銀行は、「物価の安定」を図ることと、「金融システムの安定」に貢献することを目的としています。

POINT

日銀とFRBの違いは

日本銀行とFRBは物価の安定という目的は共通していますが、大きな違いは「雇用」に関する目的があるかどうかです。

アメリカの中央銀行制度は「連邦準備制度（Federal Reserve System）」と呼ばれます。その中核となる「連邦準備制度理事会（The Federal Reserve Board：FRB）」が、日本の中央銀行である日本銀行に相当する組織です。FRBは7名の理事から構成されています。理事から選出されるFRB議長は、アメリカの金融を動かすトップといえる存在です。

FRBは、各地区の連邦準備銀行を統括し、FOMC（連邦公開市場委員会）で、FF（フェデラル・

用語解説

FRBとは

アメリカの中央銀行制度である「連邦準備制度（Federal Reserve System）」の中心的組織「連邦準備制度理事会（The Federal Reserve Board）」のこと。

FRBの目的

FRBは、「物価の安定」と、「雇用の最大化」を目的としています。

ファンド）レートの誘導目標など、金融調整の方針を決定します。一方、実際の金融政策の実施や、紙幣の発行は連邦準備銀行が担います。

FRBは、伝統的に**「物価の安定」と「雇用の最大化」という「2つの責務（Dual Mandate）」**を担うこととされています。

一方、日本銀行は「物価の安定を図ることを通じて国民経済の健全な発展に資すること」が金融政策の目的とされ、**雇用の最大化は任されていません**。ここがFRBと日本銀行の大きな違いです。

深掘り！

Finance

中央銀行がおこなう「金融政策」とは？

金融政策　金融引き締め　金融緩和

金融引き締めとは

過熱化している経済活動を沈静化させるため、中央銀行が政策金利を引き上げたり、国債を売却して、世の中に出回るお金を減らしたりします。

POINT

金利が上がると景気が抑制される

金利が上がると、企業がお金を借りて投資をしたり、個人がお金を借りて消費をしたりしにくくなるため、景気が抑制されます。

景気を安定させるための政策が、中央銀行がおこなう「金融政策」です。

景気が悪い状況のときに、世の中の金利を下げてお金を借りやすくして、企業の投資や個人の消費活動を活発化させる目的の金融政策が「金融緩和」です。

逆に景気がよくなりすぎてインフレになりそうなときに、世の中の金利を引き上げて、投資や消費を抑えるようにする金融政策は、「金融引き締め」と呼ばれます。

金融緩和・引き締めの具体的な手法には、次のようなも

金融緩和とは

停滞している経済活動を活発化させるため、中央銀行が政策金利を引き下げたり、国債を購入することで世の中に出回るお金を増やしたりします。

POINT

金利が下がると景気が下支えされる

金利が下がると、企業がお金を借りて投資をしたり、個人がお金を借りて消費をしたりしやすくなるため、景気が下支えされます。

のがあります。

(1)公開市場操作（オペレーション）

短期金利を調整するために、公開市場で国債や手形などを売買することです。

(2)量的緩和・引き締め

お金の供給量を調整するために、公開市場で国債や手形などを売買します。

(3)マイナス金利

日銀当座預金の一部にマイナスの金利をつけることです。

(4)YCC（イールドカーブコントロール）

長期金利を調整するために国債を売買することです。

6

金融市場

資金を求める人と提供する人が出会う場所「金融市場」

短期金融市場

長期金融市場

短期金融市場とは

1年以内に返済したり満期を迎えたりする金融商品の市場のことをいいます。

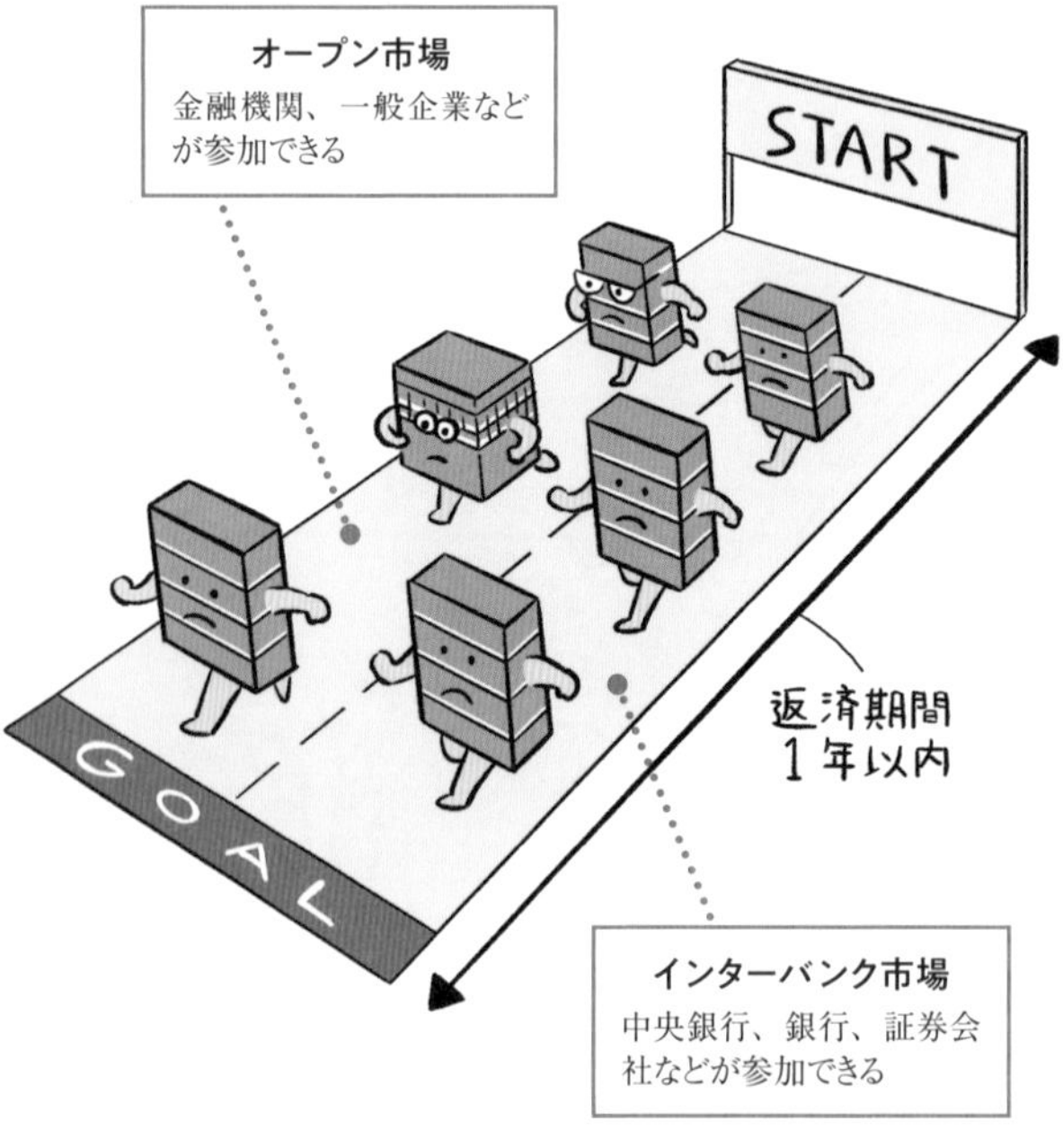

オープン市場
金融機関、一般企業などが参加できる
START
返済期間
1年以内
GOAL
インターバンク市場
中央銀行、銀行、証券会社などが参加できる

資金の需要者と供給者が、それぞれのニーズを満たすために出会って資金を交換する場が金融市場です。金融市場は、取引される商品の満期によって分類され、それが1年以内の場合「短期金融市場」、1年超の場合「長期金融市場」といいます。

代表的な短期金融市場は、インターバンク市場のなかの、コール市場です。コール市場

長期金融市場とは

1年を超えて返済したり満期を迎えたりする金融商品の市場のことです。

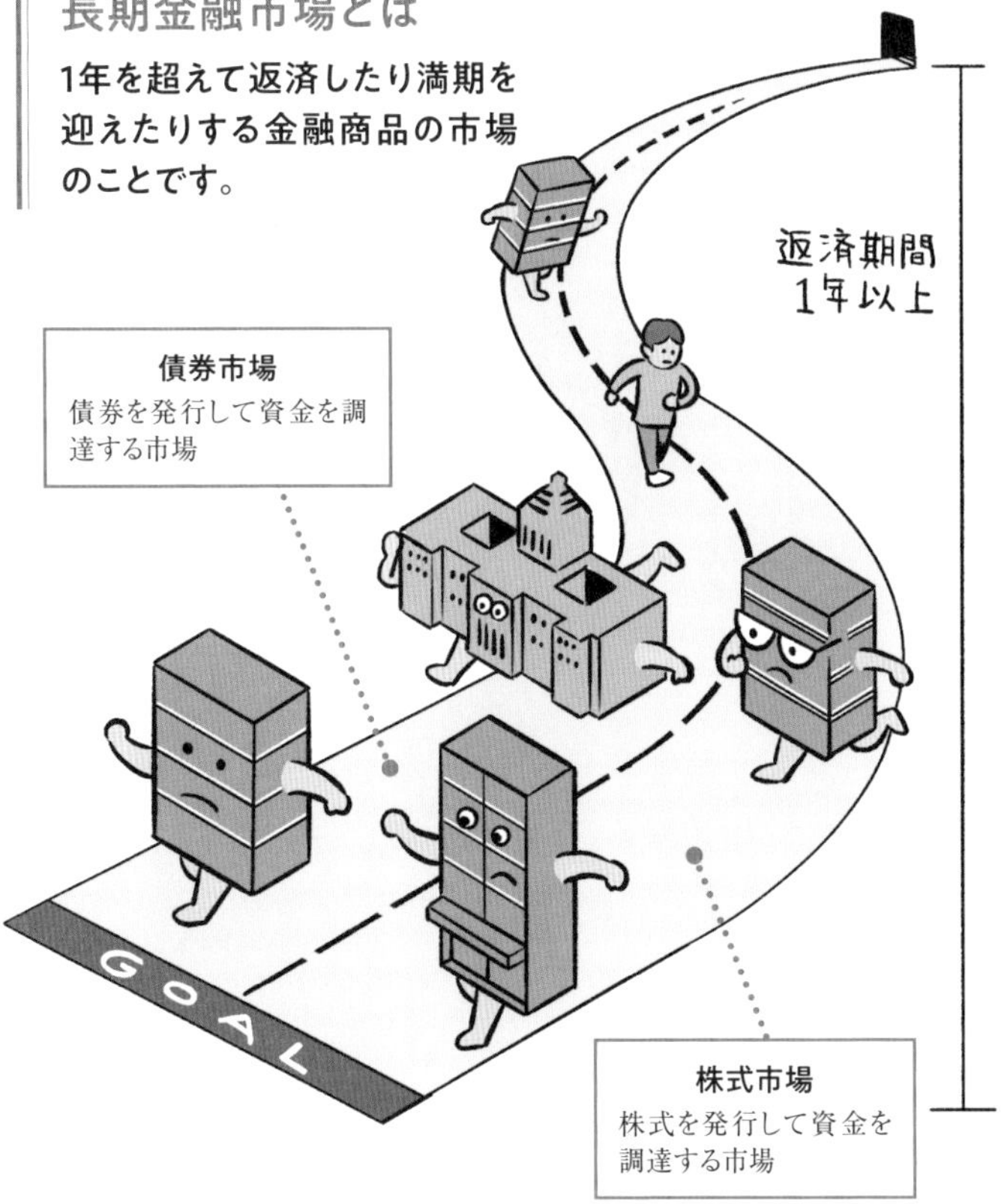
返済期間
1年以上
債券市場
債券を発行して資金を調達する市場
株式市場
株式を発行して資金を調達する市場
GOAL

とは銀行が日々の資金の過不足を調整するための市場で、おもに、銀行間で無担保での貸し借りをする翌日物（今日借りた資金を明日返す）取引がおこなわれています。これを「無担保コール翌日物」と呼びます。

　一方、長期金融市場の代表が、債券や株式を介して企業の資金需要を満たす「証券市場」です。証券市場は対象証券により、「債券市場」や「株式市場」などに分けられます。

　ちなみに、長期金利の指標（目安）には、10年物国債の利回りが用いられます。

7

インフレ・デフレ

お金の価値が上がったり、下がったりする「インフレ・デフレ」

インフレ

デフレ

物価

インフレ・デフレとは

インフレは、物価が持続的に上昇していく状態、デフレは物価が持続的に下落していく状態のことです。

インフレ

10000
お金の価値が
下がる
物の価値が
上がる

デフレ

10000
お金の価値が
上がる
物の価値が
下がる

インフレは「物価が持続的に上がり続けている経済状態」を指します。多くの国では、２％程度のゆるやかなインフレが続いている状態が、理想的な経済であると考えられています。

　ゆるやかに物価が上昇すれば、企業の売上が伸び、働く人の給料も上がります。すると購買力が上がるため、さらにモノの値段を引き上げるこ

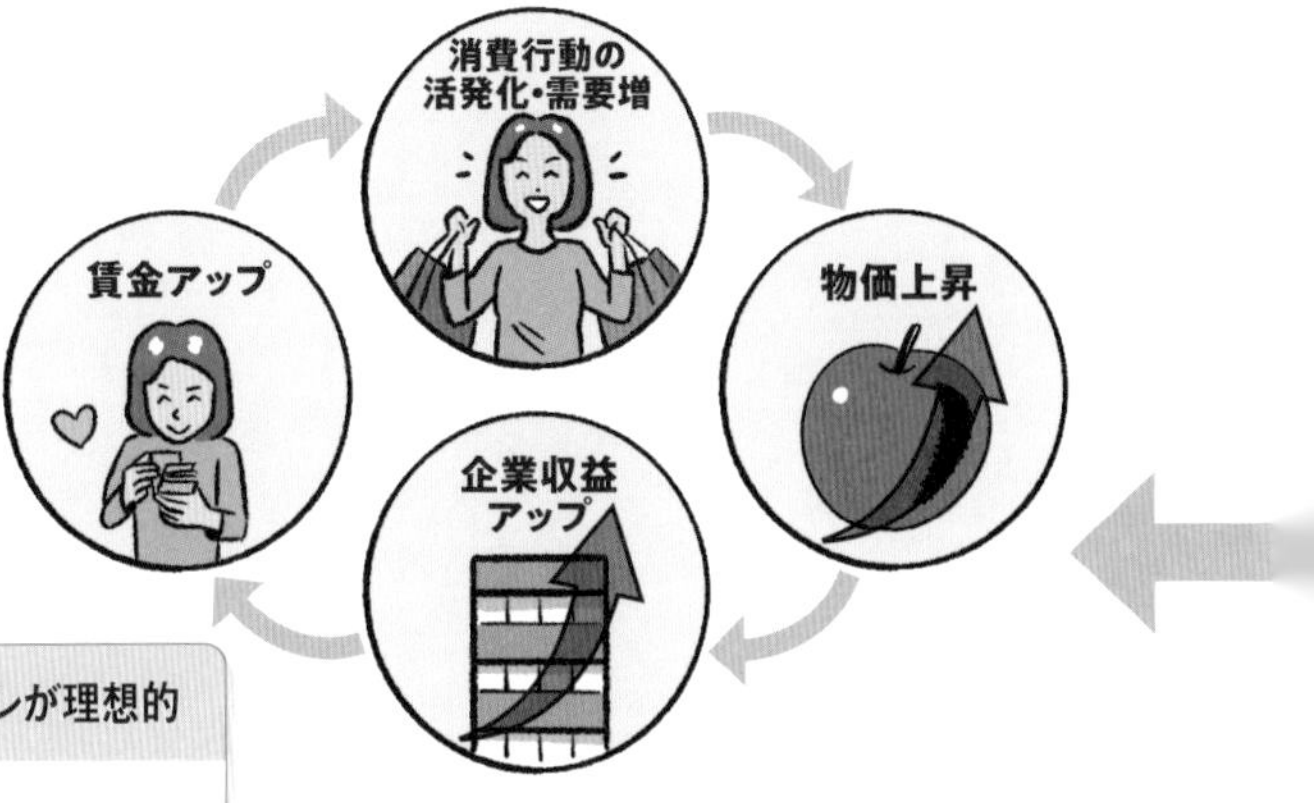
消費行動の
活発化・需要増
物価上昇
企業収益
アップ
賃金アップ

POINT

ゆるやかなインフレが理想的

理想的な経済はゆるやかなインフレです。日本銀行は、年2%の安定的なインフレを維持することを目標としています。

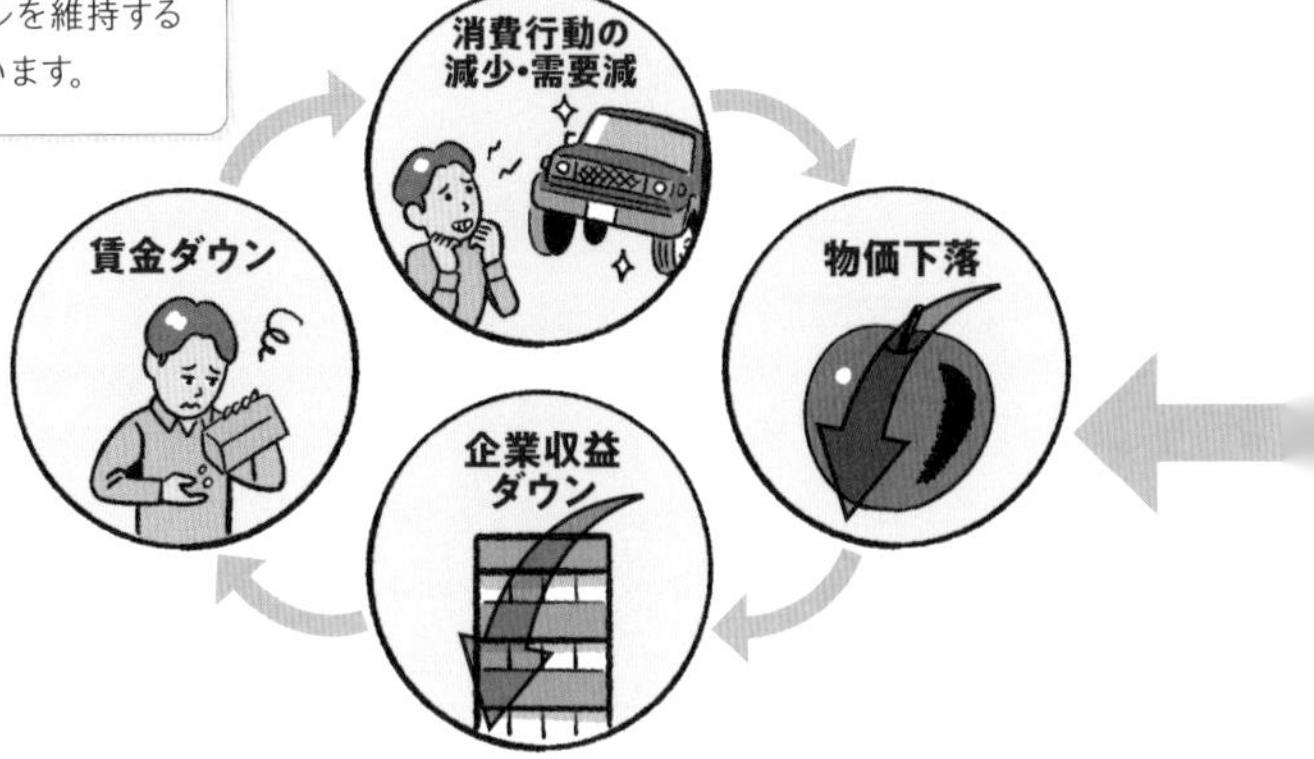
消費行動の
減少・需要減
物価下落
企業収益
ダウン
賃金ダウン

とができます。こうして、経済活動が活発化して拡大していくのが、「景気がいい」と呼ばれる状態です。

一方、物価が持続的に下がるのがデフレです。デフレになると、企業は儲けが少なくなるので賃金も下がります。人々の購買力も下がるので、ますますモノが売れなくなり、失業者も増えていきます。

このようなデフレスパイラルに陥ることを避けるために、中央銀行は金融緩和によって、ゆるやかなインフレを目指しているのです。

8

金利

お金のレンタル料の割合「金利」

金利

利率

利息

利子

金利とは

元金に対する利息の割合（利率）のことを「金利」といいます。また、利息そのものを指す意味として用いられる場合もあります。

POINT

金利はどう決まる?

金利の水準は、金融市場の需要と供給で決まります。お金を貸したい人が減って借りたい人が増えれば金利は上がります。逆の状況になれば金利は下がります。

お金は、持っているだけでは何の価値も生みません。そこで、当面使う予定のないお金を持っている人は、それを人に貸して使ってもらい、その代わりにレンタル料を受け取ったほうがよいと考えます。反対に、お金を今すぐに必要としているけれど、そのお金を持っていないという人にとっては、レンタル料を支払ってでも、人から借り

てお金を使うことができれば助かります。こうすれば、お金を貸す人も、借りる人も、Win-Winの関係ができるわけです。

この借り手から貸し手に支払われるお金のレンタル料のことを「利息」または「利子」といいます。そして、**貸したお金に対して何パーセントの利息を支払うといった割合のことを「金利」または「利率」といいます。**金利があることで、金利を得るためにお金を貸したいというニーズが生じて、お金の流れがスムーズになるのです。

深掘り！ Finance

金利と経済の関係とは？

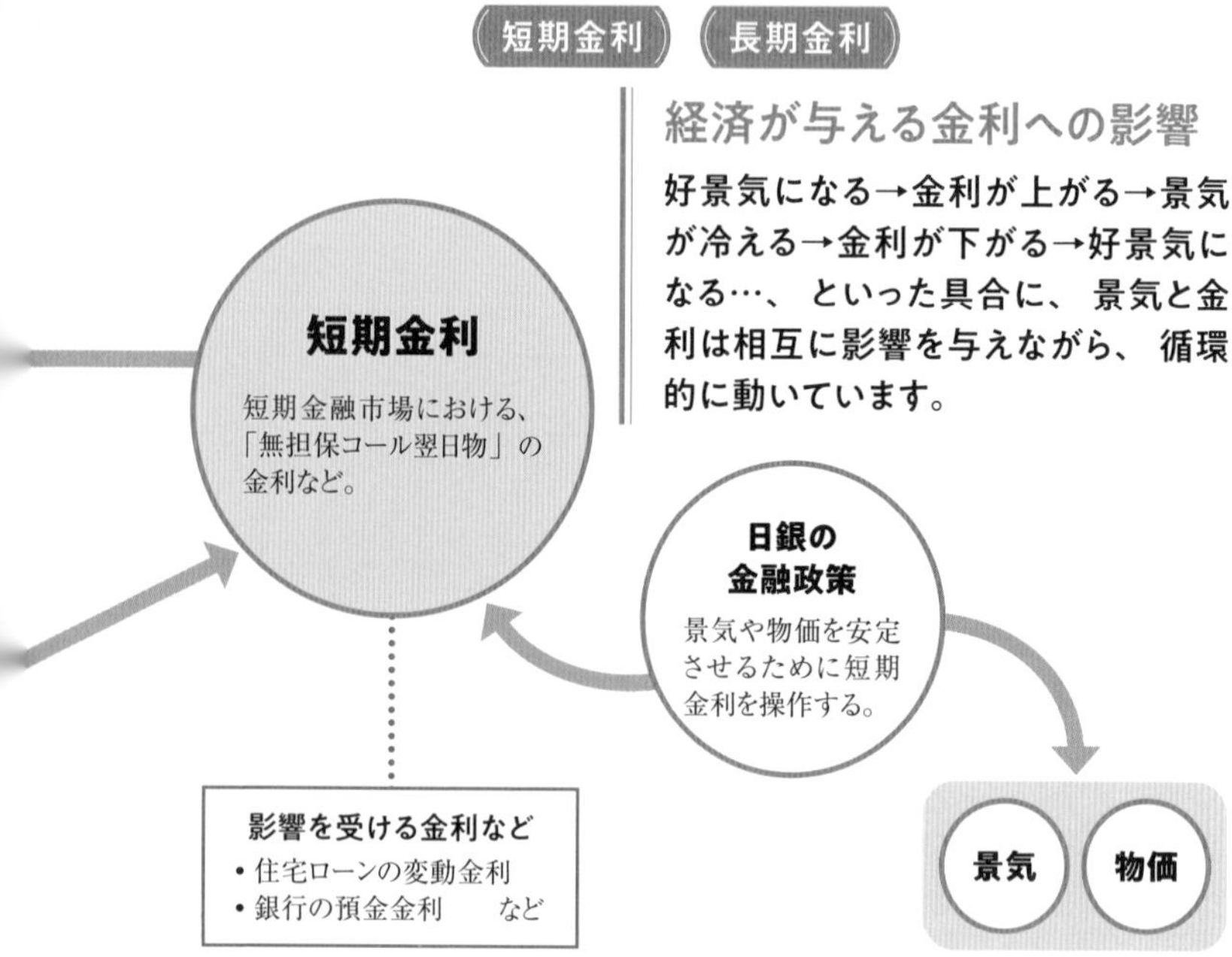
短期金利
長期金利
経済が与える金利への影響
好景気になる→金利が上がる→景気が冷える→金利が下がる→好景気になる…、といった具合に、景気と金利は相互に影響を与えながら、循環的に動いています。
短期金利
短期金融市場における、「無担保コール翌日物」の金利など。
日銀の金融政策
景気や物価を安定させるために短期金利を操作する。
影響を受ける金利など
• 住宅ローンの変動金利
• 銀行の預金金利　など
景気
物価

世の中の金利には、さまざまな種類があります。もっとも基本となり、ほかの金利に影響を与えるのが、短期金利と長期金利です。

短期金利は短期金融市場における、「無担保コール翌日物」などです。これは基本的に日銀の公開市場操作（オペレーション）によって決まります。日銀は、その時々の景気や物価の動向を参考にしながら、短期金利を動かしているのです。短期金利が大きく変動すると、銀行による企業融資金利、住宅ローン（変動金利）、預金金利などに影

影響を受ける金利など

- 住宅ローンの固定金利
- 社債利回り
- 定期預金金利
- 個人向け国債利回り　　など

POINT

短期金利も長期金利も日銀が調整

伝統的には、短期金利は中央銀行がコントロールし、長期金利は市場の需給のみで調整されてきました。しかし、日本では2016年から2024年3月まで、日銀が長期金利の誘導水準のメドを決めて長期金利も調整をしていました。

長期金利

10年物国債の利回りが代表的な指標。

為替レート

短期金利の高い国の通貨が上がりやすく、短期金利の低い国の通貨が下がりやすい。

響を与えます。

一方、長期金利は、10年物国債の利回りが指標とされます。長期金利は、景気の状態や予測、企業の長期の借り入れ需要など、さまざまな要素と相互に関連しています。長期金利の変動による影響を受けるのは、住宅ローン（固定金利）、社債利回り、定期預金金利などです。これらの変動が、その後の景気に影響を与え、それがまた短期金利、長期金利に影響を与えるといった具合に、金利と経済は相互に影響を与えながら循環的に動いています。

深掘り！ Finance

金利が変動する理由とは?

景気　物価

金利の違いが生じるのはなぜ

金利は資金の貸し手と借り手の需要と供給で決まります。 信用力が高い人は金利が下がりますが、 これは信用力の高い人には、 貸したいと思う貸し手が多く、 信用力が低い人には貸し手が少ないからです。

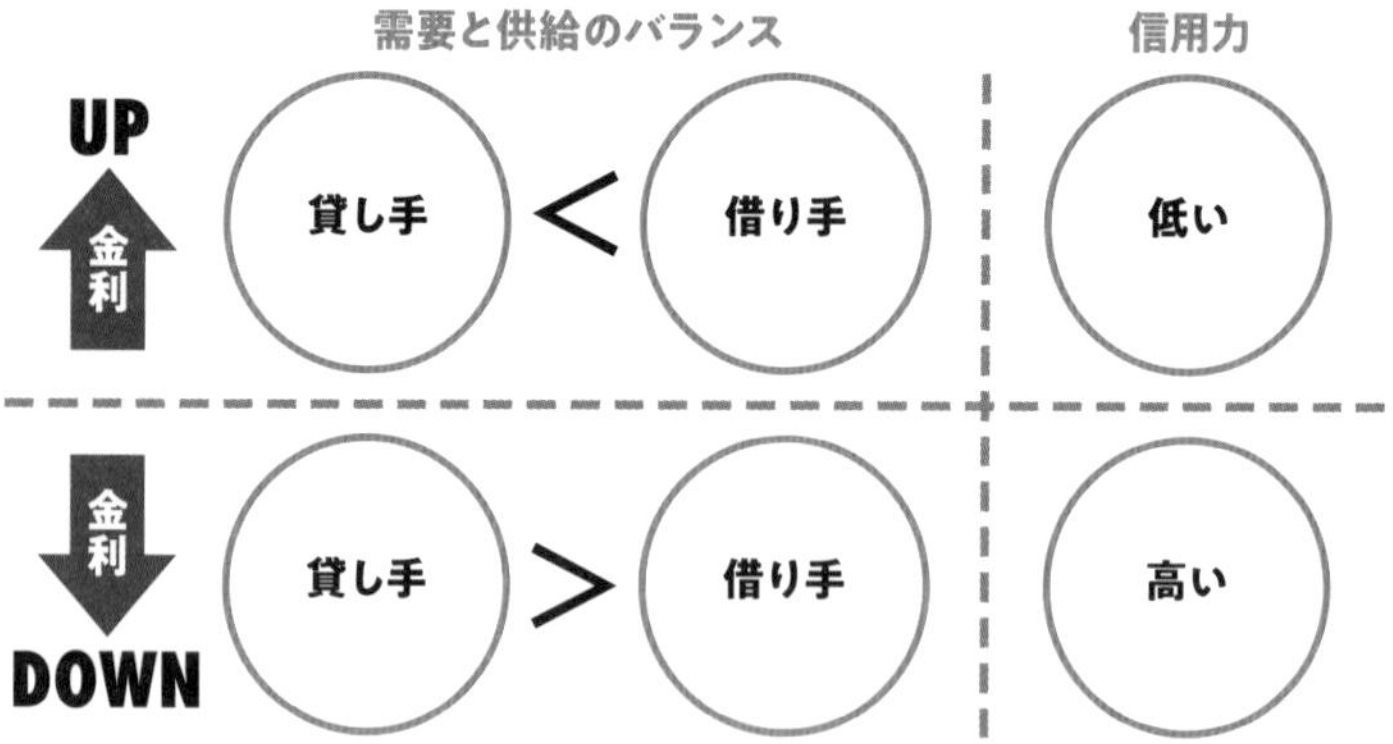
需要と供給のバランス
信用力
UP
金利
貸し手
<
借り手
低い
金利
DOWN
貸し手
>
借り手
高い

市場経済におけるモノの価格は需要と供給の関係で決まるのが大原則です。金利も例外ではありません。

金利はお金のレンタル料のようなものなので、レンタル需要が増えるか、レンタル供給が減れば金利は上がり、需要が減るか、供給が増えれば金利は下がります。

これは借り手の信用力という観点から見ることもできます。借り手の信用力が高ければ、貸したくなる人が増える（供給が増える）ので、金利は下がりますし、信用力が低ければ金利は上がります。

需要量に影響を与える「景気」と「物価」

景気がいいときは、事業拡大のための投資や個人の消費が増えるため、資金需要が増え、金利の上昇圧力がかかります。また、物価が上昇しているときは、相対的にお金の価値が将来下がっていくため、より高い金利が求められます。

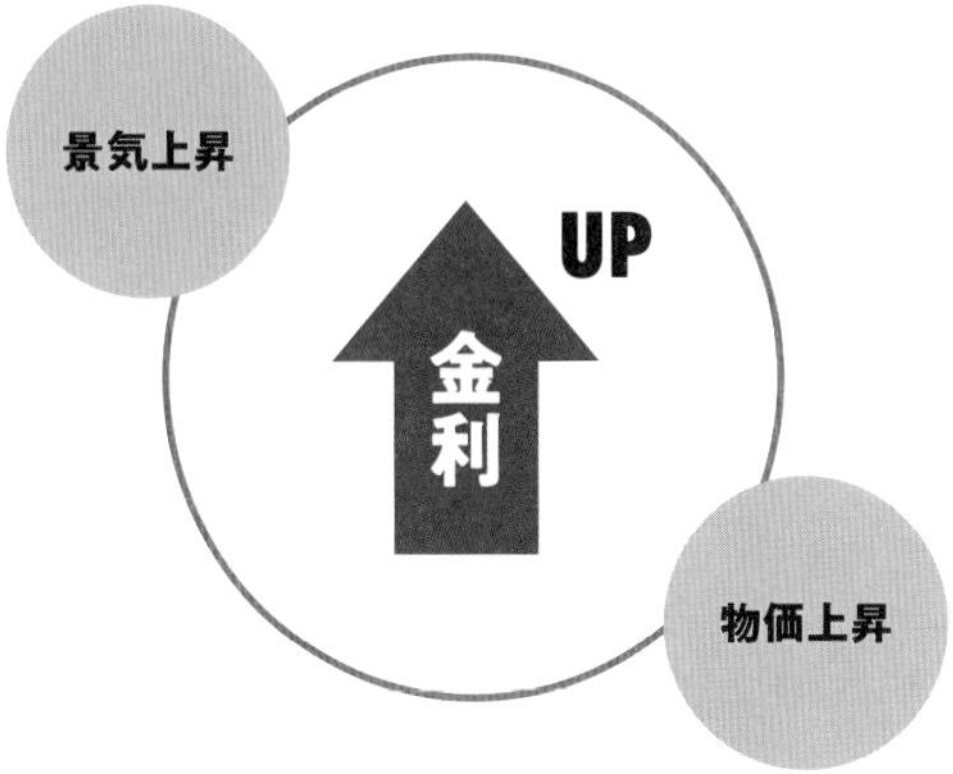

POINT

インフレ対応には投資も必要

「日本は低金利なので、預金だけではインフレに対応できないから投資が必要だ」といわれることがあります。インフレ下では預金の価値が減少します。価値を守るためには投資を考えることも必要です。

詳しく見ると、短期金利と長期金利で、その決定要因は異なっています。

短期金利は、基本的に日本銀行が公開市場操作（オペレーション）によってコントロールします。短期金融市場における通貨流通量を増減させることで、通貨に対する需給をコントロールし、金利を動かしています。

一方、長期金利は、直接的には指標となる10年物国債の需給で決まります。そして、国債の需給は景気、物価、為替、海外金利などの影響を受けて変化します。

9

為替

現金を送金しなくても海外と決済できる仕組み「外国為替」

為替レート

国際送金プラットフォーム

為替とは

「為替」という言葉は、もともとは実際のお金を送金しないで決済する仕組みのことです。

商品の輸入
日本の企業
①商品代の円を預ける。
②円をドルに替える。
日本の銀行
BANK

為替（外国為替）とは、異なる国（通貨）の間で、決済をする仕組みのことです。

日本の企業がアメリカから商品を輸入した場合、日本の企業はまず、日本の銀行で手持ちの円をドルに替えます。その際に用いられる異なる通貨の交換比率のことを「為替レート」といいます。

次に日本の銀行はアメリカの輸出会社が口座を持つ銀行

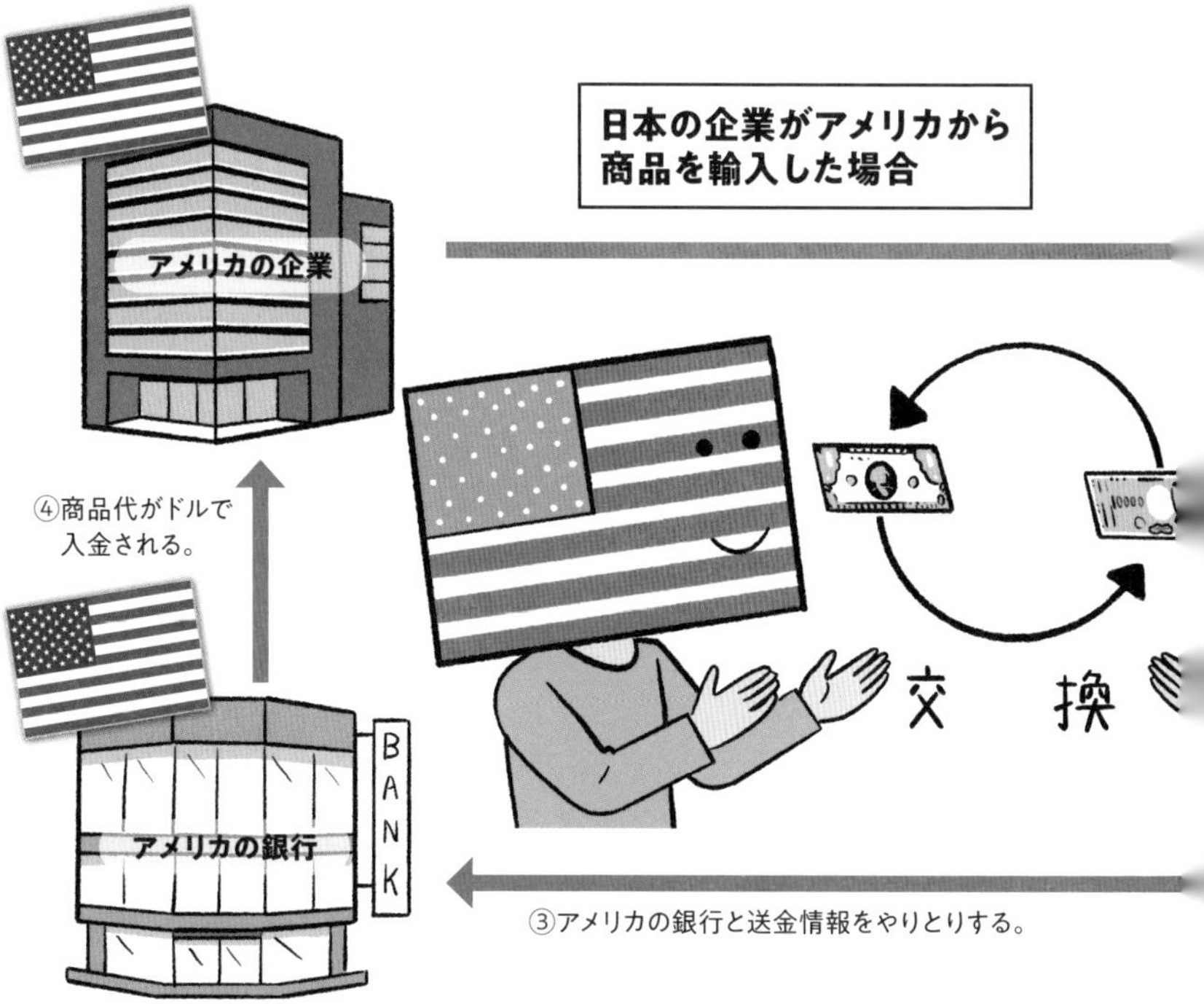
日本の企業がアメリカから
商品を輸入した場合
アメリカの企業
④商品代がドルで
入金される。
アメリカの銀行
BANK
交 換
③アメリカの銀行と送金情報をやりとりする。

に、送金情報を送付します。アメリカの銀行は、輸出企業の口座に、指定されたドルを入金します。

日本企業が輸出をした場合は、アメリカ企業はドルをアメリカ銀行に入金し、日本の銀行に送金連絡がなされて、日本の銀行でドルが円に替えられて（場合によってはドルのまま）、日本企業の口座に入金されます。

このように異なる国の銀行の間で送金情報が交換されるネットワークのことを、「国際送金プラットフォーム」といいます。

10

円高・円安

外貨を基準にした円の価値の変動を表す「円高・円安」

外国為替市場

為替レート

円高・円安とは

外貨に対し、円の価値が上がることを「円高」、円の価値が下がることを「円安」といいます。

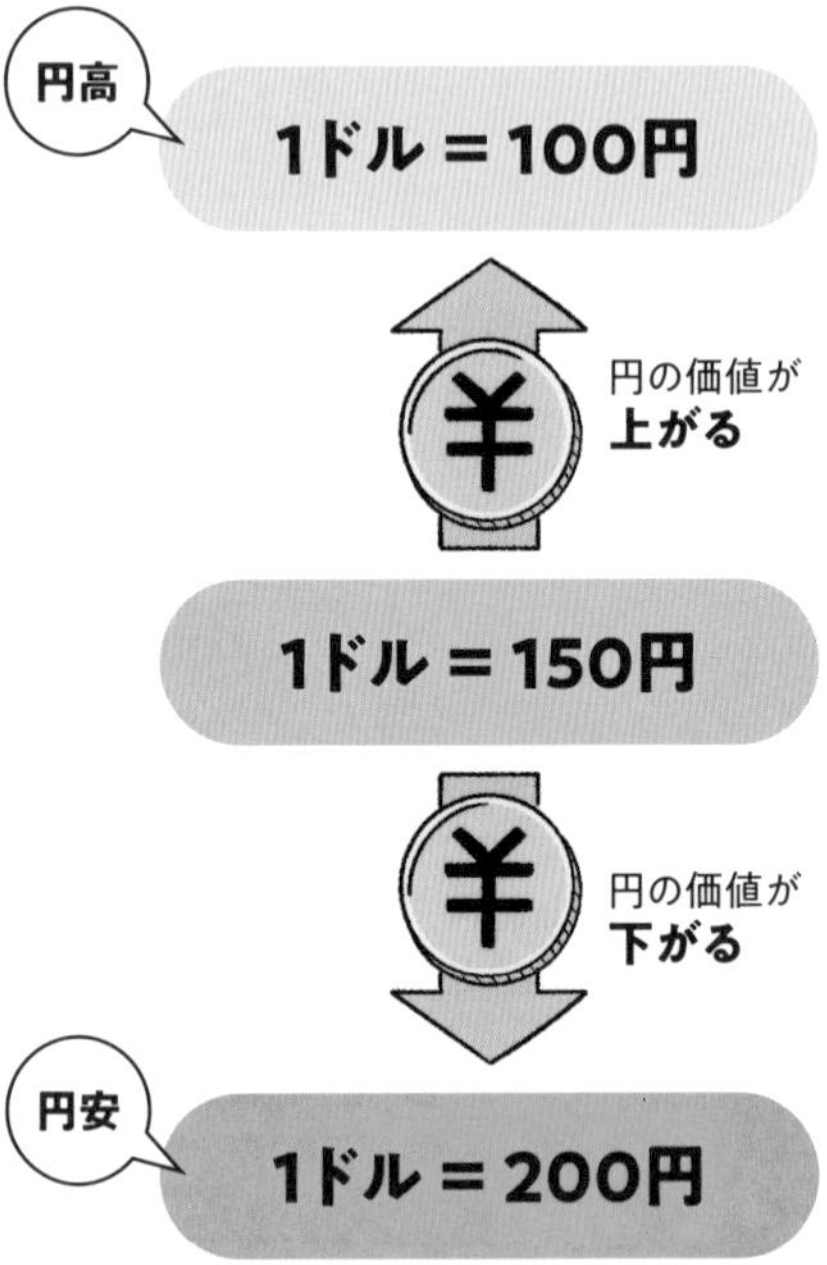

円高
1ドル＝100円
円の価値が
上がる
1ドル＝150円
円の価値が
下がる
円安
1ドル＝200円

「円高・円安」とは、外貨を基準として見たときの、円の価値の変化を表す言葉です。

例えば、以前1ドルを150円で交換していたのが、1ドルを200円で交換するようになったとします。すると、以前は1ドルの商品を150円で買えていたのに、200円払わないと買えなくなります。これは円の価値が下がっ

円高・円安の要因

為替レートは、外国為替市場における需要と供給により決まります。需給が変化する要因には以下のようなものがあります。

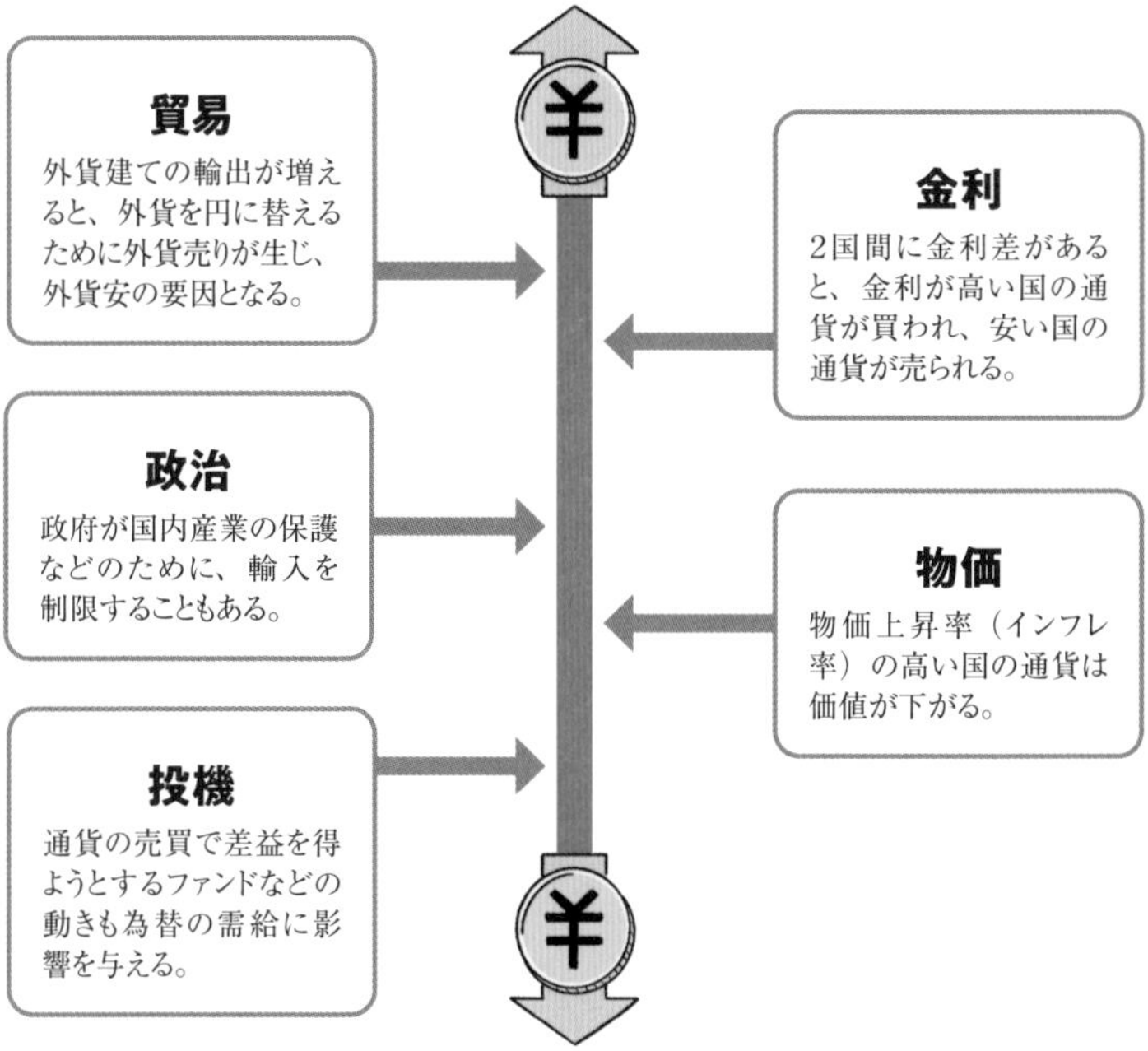
貿易
外貨建ての輸出が増えると、外貨を円に替えるために外貨売りが生じ、外貨安の要因となる。
政治
政府が国内産業の保護などのために、輸入を制限することもある。
投機
通貨の売買で差益を得ようとするファンドなどの動きも為替の需給に影響を与える。
金利
2国間に金利差があると、金利が高い国の通貨が買われ、安い国の通貨が売られる。
物価
物価上昇率（インフレ率）の高い国の通貨は価値が下がる。

たことを意味し、「円安」となります。ドルから見れば、円に対して価値が上がっているので、「ドル高」です。まとめて、「円安・ドル高」といいます。反対に、１ドルが１５０円から１００円に変化した場合は、円の価値が上がっていることを意味します。よって、「円高・ドル安」となります。

円高・円安を左右する要因には、金利、物価、貿易、政治、投機などがあり、円高のときには輸入産業が有利に、円安のときには輸出産業が有利となります。

COLUMN

1

日銀が決定した「マイナス金利解除」ってなに? 私たちの暮らしはどうなるの?

2024 年 3 月、日銀はマイナス金利政策の解除を決定しました。マイナス金利政策とは、民間銀行が日銀に預ける準備預金の一部にマイナス 0.1%の金利を設定することで、民間銀行に対して、資金を日銀に預けるのではなく、貸し出しに回すことを促す政策です。2016 年に、デフレ脱却のための金融緩和策の一環として導入されました。

2022 年以後、日本でも物価や賃金の上昇が続いており、これを受けて、日銀は2%のインフレ目標に近づいたと判断し、マイナス金利政策を解除したのです。金利がマイナスという異常事態を終了させたことにより、ようやく、日本の金融が正常化される第一歩を踏み出したものといえます。当面は、短期金利の政策目標は 0.1%程度に設定されますが、それでもかなりの低金利には違いありません。実際、日銀は、まだ金融緩和的な姿勢を変更したわけではないとはっきり言明しています。

短期金利の影響を受けるのは、普通預金金利、住宅ローンの変動金利、企業融資金利などです。すでに、多くの銀行が普通預金金利を引き上げました。住宅ローンの変動金利や企業融資金利も今後は少しずつ引き上げられていくことでしょう。

Chapter 2

金融投資の基本

投資の利益やリスク、利回りなど、
投資にまつわる基本情報を解説します。
投資への考え方を身につけましょう。

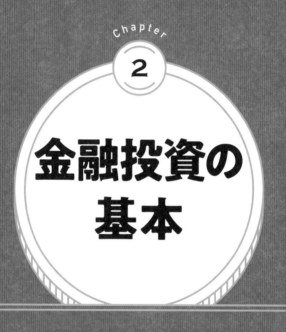

11

将来価値

現在のお金と将来のお金の価値の違い

現在価値

将来価値

割引現在価値

お金の価値は時間の経過で変化する

お金の価値は時間の経過によって変化します。「いま1万円もらうか、1年後1万500円もらうか」の例で見てみましょう。

いま、1万円もらうか
1年後1万500円もらうか
どっちがいい?
現在
いま
もらいます!
1年後のほうが
得に決まってるさ

金融や投資の世界においては、お金と並んで、「時間」もかなり重要な意味を持ちます。

どういうことかというと、**同じ金額なら、いまのお金は将来のお金よりも価値が高い**ということです。これは、利子があるためです。

例えば、現在の預金金利が10%だと仮定して、「いま1万円をもらえるのと、1年後

1万500円は
なにに使おう…
BANK
金利10%の定期預金に
1万円を預けた

1万1000円に
なったよ!
1万500円
もらったけど
損したの?
1年後

POINT

割引現在価値の計算式

将来受け取れる価値を現在の価値に直した「割引現在価値」は、
割引現在価値 =
将来価値÷
(1+割引率)^n
(nは期間を表す)
で算出できます。

に1万500円をもらえるのとどちらが得か?」と聞かれた場合は、いま1万円をもらうほうが得になります。なぜなら、1万円を1年間預金すれば、利子が1000円つくことになり、1年後には1万1000円にお金が増えるからです。つまり、金利10%の世界においては、いまの1万円と、1年後の1万1000円が等しい価値となるのです。逆にいうと、将来得られるお金は、金利分を割り引くことで、現在の価値がわかります。これを、「割引現在価値」といいます。

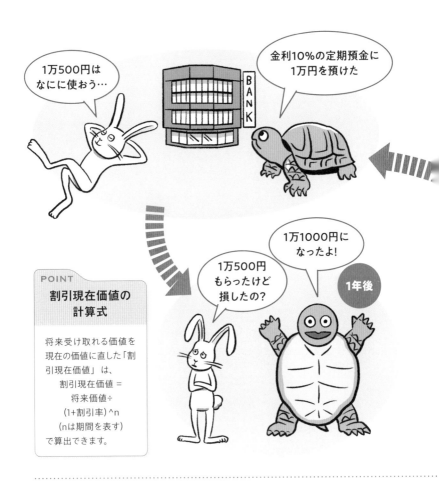

12
投資

投資・投機・ギャンブルの違いを知ろう

プラスサム
マイナスサム
ゼロサム

プラスサム・マイナスサム・ゼロサム

参加者が投じたお金を、勝者と敗者とでわけあい、総和がプラスになる場合は「プラスサム」、マイナスの場合は「マイナスサム」、ゼロになるような状況は「ゼロサム」といいます。

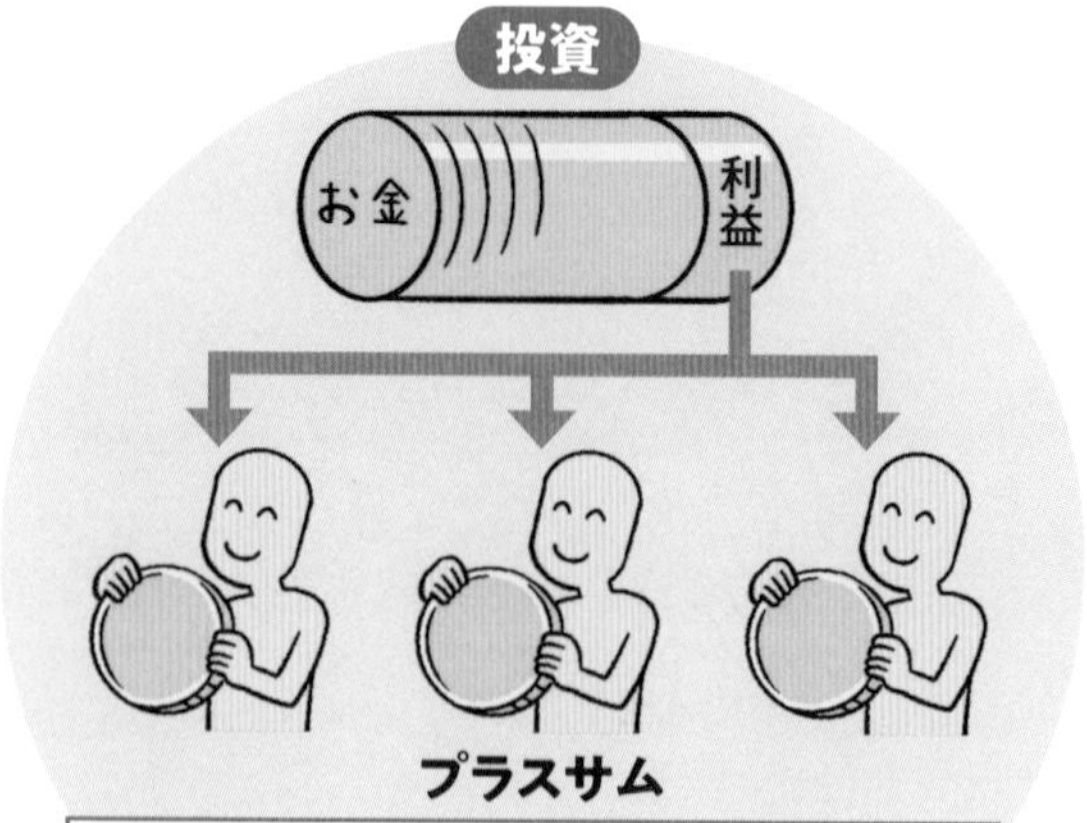

参加者全員の利益の合計が、投資した金額よりもプラスになる可能性が高い。利益を平均すると参加者が勝つ仕組み。新たな付加価値創造に資金を出すので期待値は1より大きくなる。

「投資は危険」というイメージを持つ人のなかには、投資を「投機」や「ギャンブル」と混同しているケースも見られます。

　投資とは、価値が成長する対象にお金を投じて、その成長から対価を受け取る行為です。例えば、株式投資であれば、企業がおこなう事業活動にお金を投じます。事業活動を通じて、企業は利益を蓄積

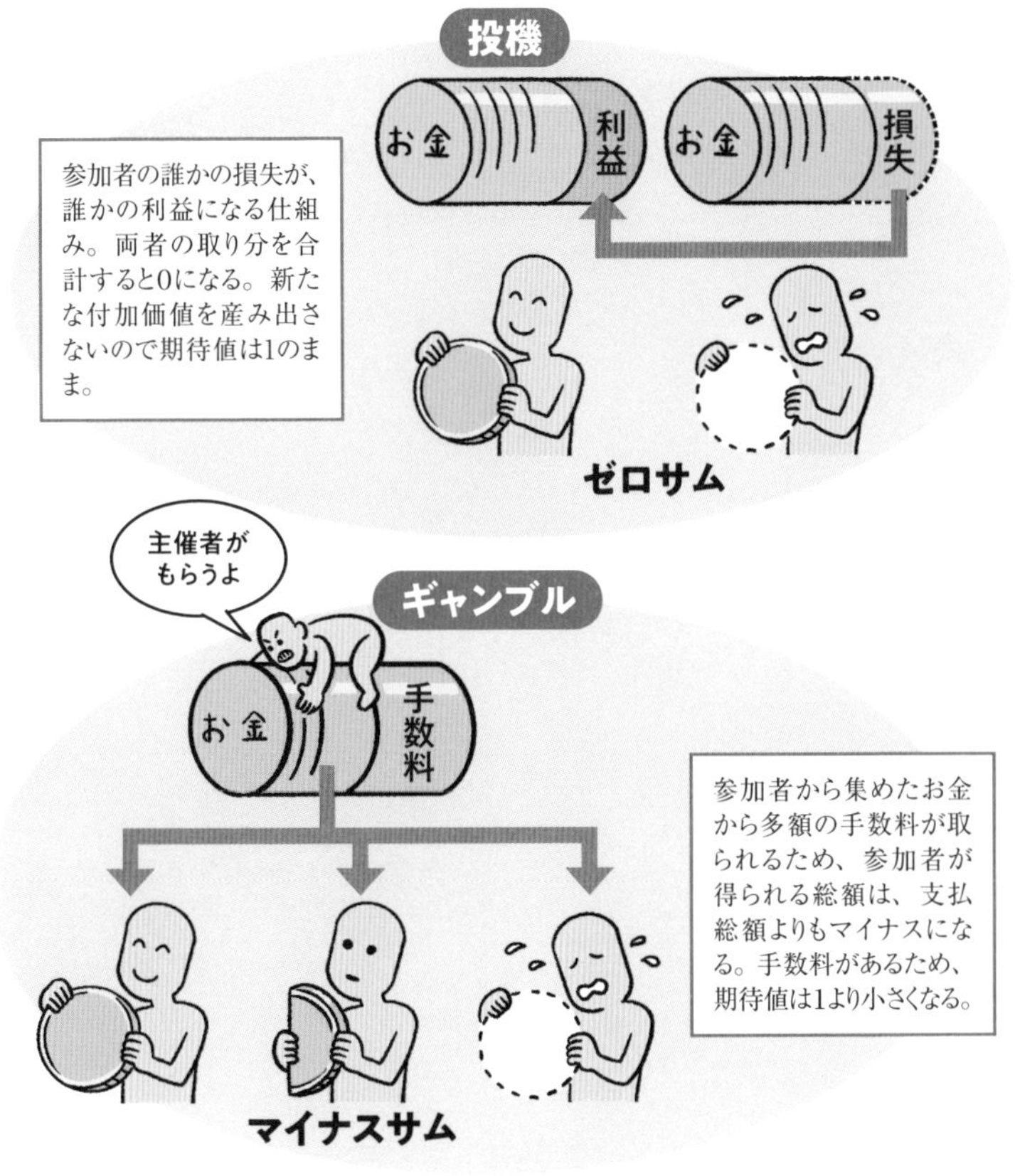
投機
お金
利益
お金
損失
参加者の誰かの損失が、誰かの利益になる仕組み。両者の取り分を合計すると0になる。新たな付加価値を産み出さないので期待値は1のまま。
ゼロサム
主催者がもらうよ
ギャンブル
お金
手数料
参加者から集めたお金から多額の手数料が取られるため、参加者が得られる総額は、支払総額よりもマイナスになる。手数料があるため、期待値は1より小さくなる。
マイナスサム

し、その価値を増大させていきます。そして、増大した価値が、その企業に投資をした投資家（株主）にも還元されるというわけです。

投機とは、値動きのある対象を売買して、その差額から利益を得ようとする行為です。投機では、対象の価値の成長はせず、値動きだけで利益を得ようとします。

ギャンブルは、多くの人から集めたお金から手数料が引かれ、当たった人に分配される行為のことをいいます。投機やギャンブルは資産を増やす目的には不向きです。

13

利益

インカムゲイン・キャピタルゲイン・キャピタルロスとは？

インカムゲイン

キャピタルゲイン

キャピタルロス

リンゴの木を売るか、実を利益にするか

インカムゲイン、キャピタルゲイン、キャピタルロスはどういう状態なのかを、リンゴの木を例に見ていきましょう。

順調に成長し、
たくさんの実をつけた

¥10,000
リンゴの苗木に
投資する

投資対象の価値の成長から利益を得るのが投資です。その利益の受け取り方には、キャピタルゲインと、インカムゲインがあります。

キャピタルゲインは、株式や債券といった、投資した対象そのものを売って得られる利益（売買差益）のことをいいます。ただし、投資した対象そのものを売って購入時よりも低い価格で売却した場合

キャピタルゲイン
=価格の値上がりによる
売却益
リンゴの木を売って
利益を得た
木を
売却
キャピタルロス
=価格の値下がりによる
売却損
リンゴの木を
売ったけれど
損失が出た
インカムゲイン
投資対象を保有することで、
得られる利益
木を
保有
毎年なるリンゴの実で
利益を得る

は、その損失（売買差損）のことを「キャピタルロス」といいます。

一方、インカムゲインは、投資対象の保有を続けることによって、得られる利益のことです。株式投資でいえば、配当金や株主優待がインカムゲインに該当します。

このキャピタルゲイン、インカムゲインは、どのようにして投資収益を得られるかという観点から分類するときに用いる言葉です。両者をふくめて、投資から得られる収益のことは「トータル・リターン」といいます。

深掘り！

Finance

インカムゲイン・キャピタルゲインの注意点

インカムゲイン　キャピタルゲイン　キャピタルロス

キャピタルゲイン・インカムゲインにもリスクはある

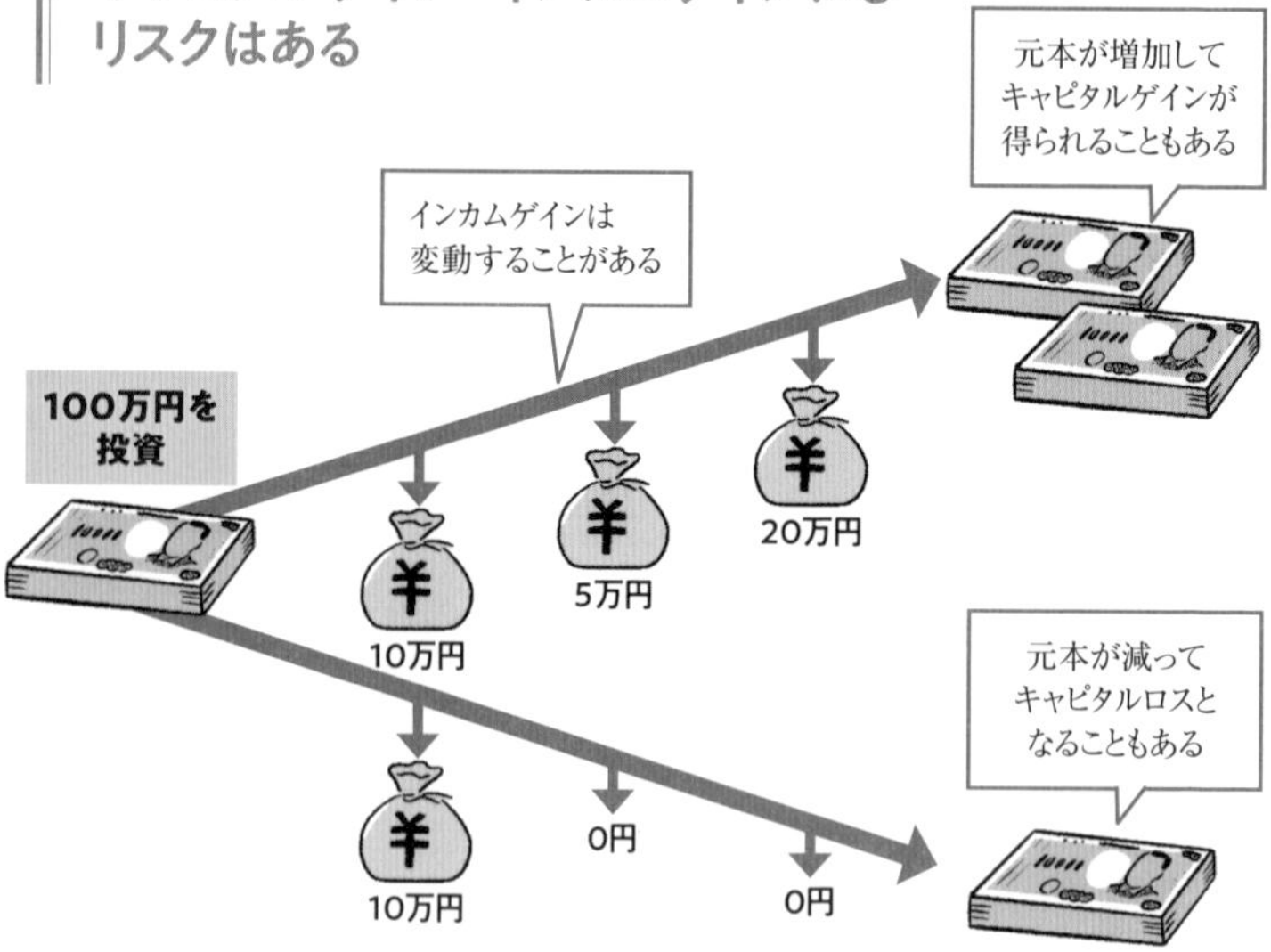

元本が増加してキャピタルゲインが得られることもある
インカムゲインは変動することがある
100万円を投資
10万円
5万円
20万円
元本が減ってキャピタルロスとなることもある
10万円
0円
0円

キャピタルゲインもインカムゲインも利益の受け取り方のことですが、儲けが得られるばかりではなく、リスク（振れ幅）があることも知っておきましょう。

キャピタルゲインのリスクは、価値が成長すると考えて投資をした対象が、必ずしもその通りになるとは限らないということです。逆に価値が減少してしまうことも十分ありえます。

株式投資を例にとれば、最悪の場合、投資した企業が倒産すれば、価値はほぼゼロになってしまいます。そうなれ

預金でキャピタルゲインは得られない

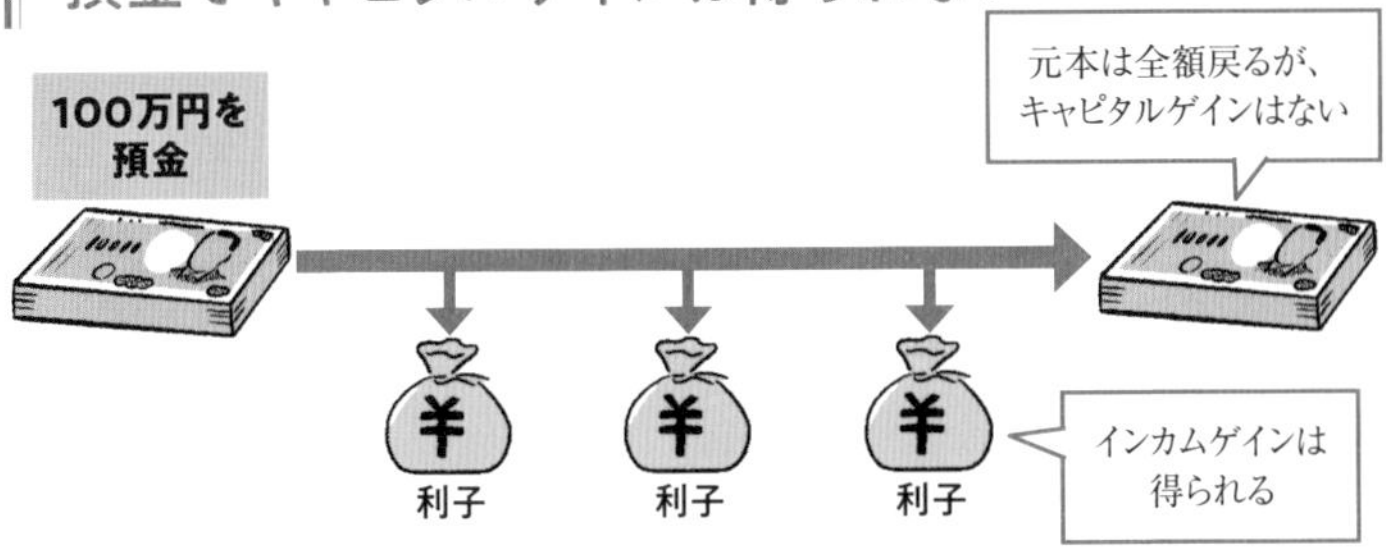
100万円を預金
元本は全額戻るが、キャピタルゲインはない
利子
利子
利子
インカムゲインは得られる

株式・債券・不動産のインカムゲイン、キャピタルゲイン、キャピタルロス

投資商品	インカムゲイン	キャピタルゲイン	キャピタルロス
株	・配当金 ・株主優待	・株価の値上がり	・株価の値下がり
債券（固定利付債の場合）	・利子	・債券価格の値上がり ・満期前に売却すると発生	・債券価格の値下がり ・満期前に売却すると発生
不動産	・家賃収入	・不動産価格の値上がり	・不動産価格の値下がり

ば、大きなキャピタルロス（損失）が生じます。

インカムゲインについても場合によっては、価値が減少するリスクがあります。例えば、債券の場合、利子は確定していますが、株式の場合は配当金の額が減らされたり、ゼロになったりする可能性があります。また、株主優待が廃止されることも考えられます。

なお、銀行預金では利子がインカムゲインとなります。元本は全額戻るものの、キャピタルゲインは得られないので注意してください。

14

リスク

投資のリスクとは?

リスク

リターン

投資にリスクはつきもの?

リスクが高い投資商品は、大きく儲かる可能性もある代わりに大きく損失を出す可能性も高くなります。サーフィンでいえば、大きな波を乗りこなすことは喜びも大きくなるけれども、事故の危険も大きくなるようなものです。

株式
投資信託
債券
預金
成功時の成果が小さい代わりに、失敗時の損失も小さい。使う予定のあるお金を期間限定で投資する。
リスク
低

「リスク」という言葉は、一般的には「危険」といった意味で用いられます。また、投資におけるリスクと聞くと、「損をする」「お金が減る」というイメージがある人も多いことでしょう。

投資の世界で、狭義の（厳密な意味での）リスクとは、「不確実性」を表す言葉です。もう少し詳しくいうと、想定している収益（リター

POINT

無リスク資産

投資の世界では「無リスク資産」という考え方があり、その代表格が高格付の「国債」です。国債は国が償還（払い戻し）を保証しており、満期まで保有すれば、額面金額と利子が支払われる可能性が高いため、通常、無リスクと扱われます。

用語解説

ハイリスク・ハイリターンとは？

投資した金額を失うリスクは高いが、高いリターン(利益)を期待できること。反対語は「ローリスク・ローリターン」。

成功すれば大きな成果が得られる反面、失敗すれば損失も大きい。当面使う予定のないお金（余裕資金）で投資する。
大
リターン
小
高

ン）から、どれくらい変動する可能性があるかという変動する可能性の幅のことを指します。注意しなければならないのは、変動する可能性の幅には、想定より損をするマイナスの変動の可能性だけではなく、想定よりも儲かるプラスの変動の可能性も含んでいるということです。つまり、「リスクが高い（ハイリスク）」とは、想定より儲かる可能性も、損をする可能性も、どちらも大きいという意味があるのです。「ハイリスク・ハイリターン」という言葉が、このことを表しています。

深掘り！
Finance

投資のリスクとは利益と損失の変動幅のこと

標準偏差

リスクとリターンの意味

投資のリスクとは、期待リターン（収益）から変動する可能性の幅のことです。

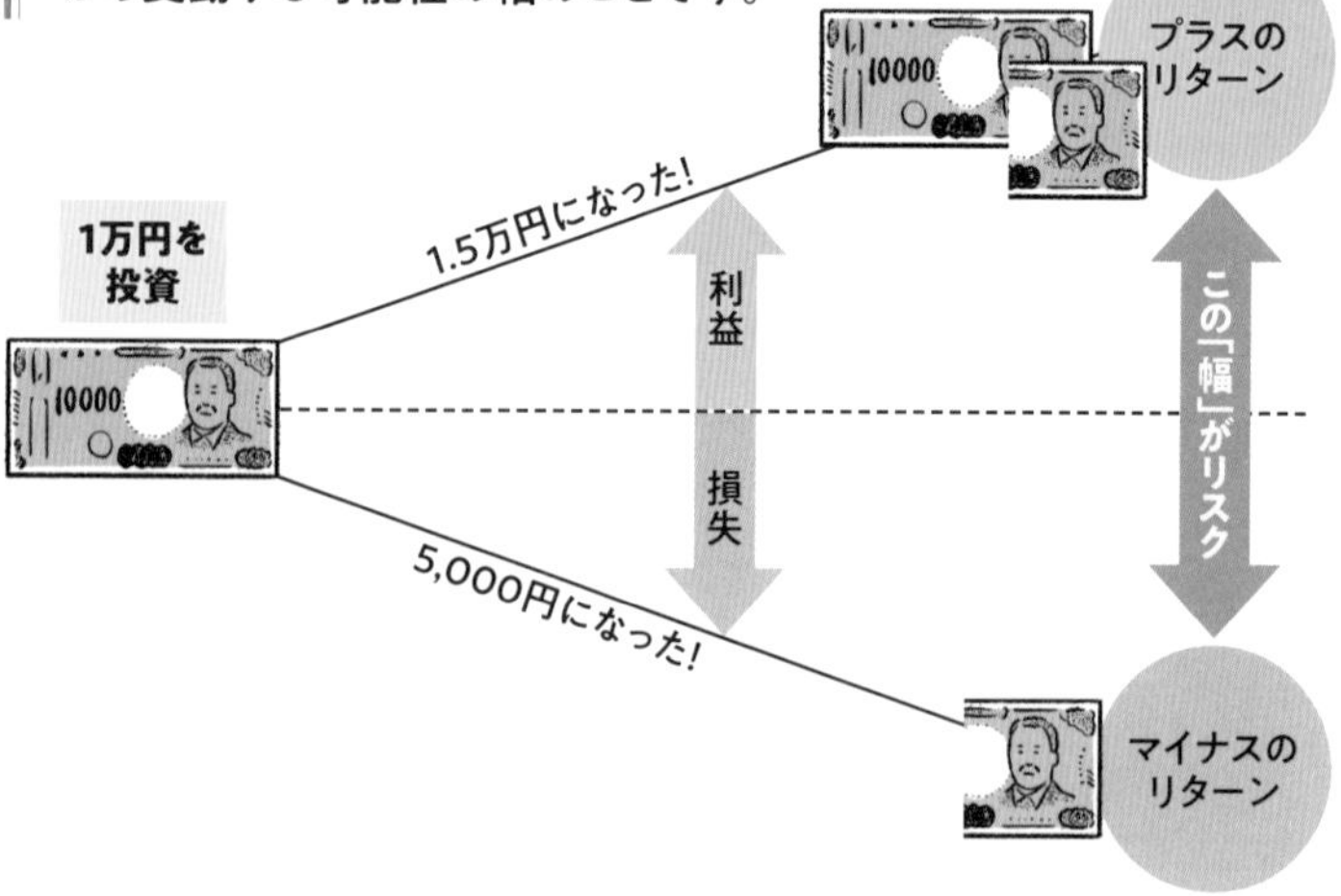

1万円を投資
1.5万円になった！
5,000円になった！
利益
損失
プラスのリターン
マイナスのリターン
この「幅」がリスク
10000

投資のリスクとは、期待リターン（収益）から変動する可能性の幅のことです。これは、統計学においてばらつきの幅を表す「標準偏差」という考え方の数字で示すことができます。投資商品のリスクは、過去のリターンのデータから推計できます。

まず、投資商品分類（株や債券など）の過去のリターンのデータから平均値を求めます。次に、各年のリターン値から平均値を引いた値の2乗をすべて足し、データ数で割った値を求めます（これを「分散」といいます）。

リスク（標準偏差）の求め方

標準偏差は、次の手順で算出することができます。

①過去のリターンの平均値を求める

↓

②偏差を求める
偏差＝各年のリターン － リターンの平均値

↓

③分散を求める
分散＝偏差の2乗の総和の平均

↓

④リスク（標準偏差）を求める
リスク（標準偏差）＝$\sqrt{分散}$

●リスクの計算例

年次	1	2	3	平均
リターン	12%	−6%	15%	7%
偏差	5%	−13%	8%	
偏差の2乗	0.25%	1.69%	0.64%	0.86%

分散

リスク（標準偏差）＝$\sqrt{0.86\%}$≒9.27%

分散値を平方した数値が標準偏差です。

簡単にいえば、リターンの平均からどれくらいばらつく確率があるのかが、数字でわかるということです。例えば、GPIF（年金積立金管理運用独立行政法人）が2020年に公表したデータによると、国内債券の期待リターンは0.7%、リスク（標準偏差）は2.56%、国内株式の期待リターンは、5.6%、リスクは23.14%となっています。標準偏差の数値が大きいほどリスクが大きく、小さいほどリスクも小さくなります。

深掘り！ Finance

あなたのリスク許容度はどれくらい？

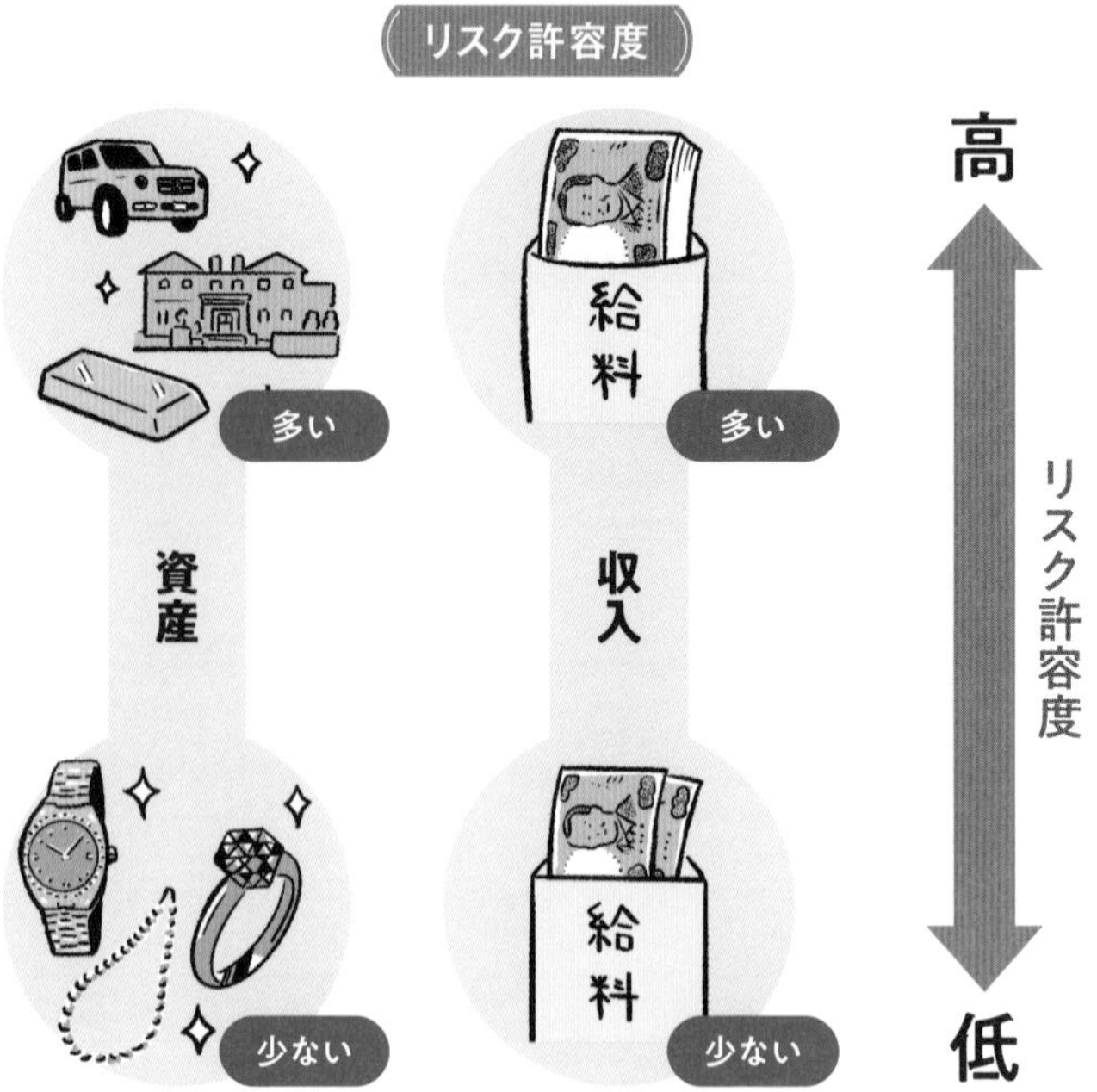

投資リスクの高低は一概にどちらがよいといえるものではありません。大切なのは、自分の状況に合ったリスクを取ることです。

例えば、貯金などの保有資産が多い人や、将来まで安定的に収入を得られる見込みが高い人は、そうではない人に比べて高いリスクを取ることができます。

また、一般的に若い年齢の人のほうが、高齢者よりも高いリスクを取ることが可能です。さらに、投資期間も、リスク許容度に大きく関係します。

POINT

人的資本と金融資本

財産には、人的資本（今後稼げる収入の合計）と、金融資本の2つがあります。若い時は人的資本は大、金融資本は小、退職以降は人的資本は小、金融資本は大となります。若い時は金融資本が大きく減ることがあっても、今後の稼ぎで補えるのです。

例えば、車の購入費用など、比較的短期でお金が必要ならば、大きな損失を被る可能性がある、リスクの高い投資は避けたほうが無難です。国債などのリスクが低い手段を手堅く選ぶのがベストでしょう。

逆に、老後の生活費を長期で準備していくのであれば、一時的に損失が生じても大きな問題にはならないため、株式投資などのリスクの高い投資をしてもいいでしょう。

このように、自分の状況と**投資の期間を掛け合わせてリスクに見合った投資をするこ**とが大切です。

深掘り！

Finance

投資リスクの種類

価格変動リスク　デフォルトリスク　為替リスク

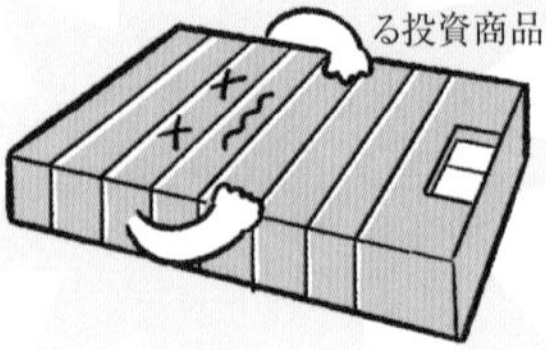

デフォルトリスク

発行体の債務不履行によるリスク。リスクが生じる投資商品：債券など

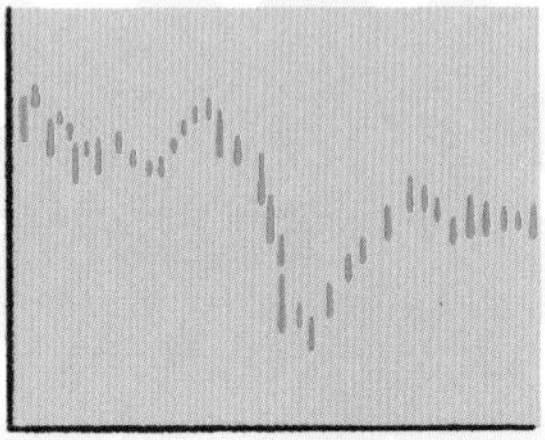

価格変動リスク

投資商品の価格が変動するリスク。リスクが生じる投資商品：株式など

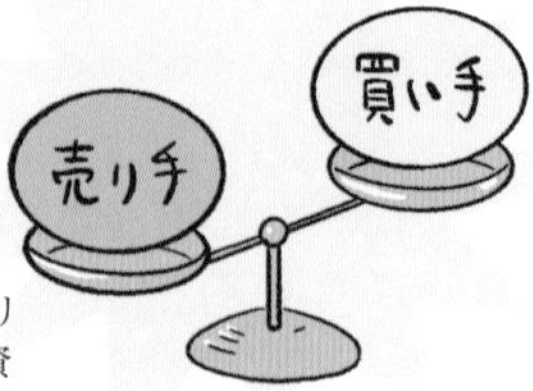

流動性リスク

売りたいときに売れないリスク。リスクが生じる投資商品：不動産、債券など

投資リスクは、投資商品に応じて適切に把握しなければなりません。リスクを把握するためには、どのようなリスク要因があるのかを知ることが大切です。

まず、多くの投資商品には、価格が変動するリスクがあります。これを「価格変動リスク」といいます。国債、社債などの債券は、発行体である国や企業が破綻してしまうと返済が行われない可能性があります。これを「デフォルトリスク」といいます。

市場取引ではなく相対取引となる不動産などでは、売り

為替リスク

為替レートの変動によるリスク。リスクが生じる投資商品：外国株式、外国債券など

カントリーリスク

政変や戦争などの影響で投資商品の価値が大きく変わるリスク。リスクが生じる投資商品：新興国の株式・債券など

POINT

リスク管理に重要な情報収集

さまざまな投資リスクを管理するためには、自分が投資している商品や国に関する情報収集を欠かさないことが大切です。

たいときにすぐに売れないリスクが発生します。これが「流動性リスク」です。

　また、新興国に投資をする場合、政変や戦争などにより投資商品の価値が大きく変わってしまう「カントリーリスク」があります。そのほか、外貨建てで購入した海外資産には、売却して日本円に戻す際に為替レートの変動で価値が変わってしまう「為替リスク」もあります。

　これらの投資リスクを管理するには、信頼性の高い情報を収集し、活用していきましょう。

15

投資手法

リスクを抑える投資手法

長期投資

積立投資

分散投資

長期・積立・分散の投資手法でリスクを抑える

長期・積立・分散の3つの投資の手法を活用することで、 投資リスクを抑えることができます。

資産の分散
異なる種類の資産に投資する。株式、債券など。
地域の分散
異なる地域に投資する。国内と海外、新興国と先進国、アジアとヨーロッパなど。

分散投資

資産や銘柄、 地域などを組み合わせて投資する手法。

投資のリスクを軽減させるための代表的な投資手法が、「長期投資」、「積立投資」「分散投資」です。

長期投資は、金融商品を長い期間保有する投資手法です。長期で投資すると景気のよい悪いという波を乗り超えて、資産を増やしていくことができます。よって、長く保有すれば元本割れリスクを軽減できるのです。

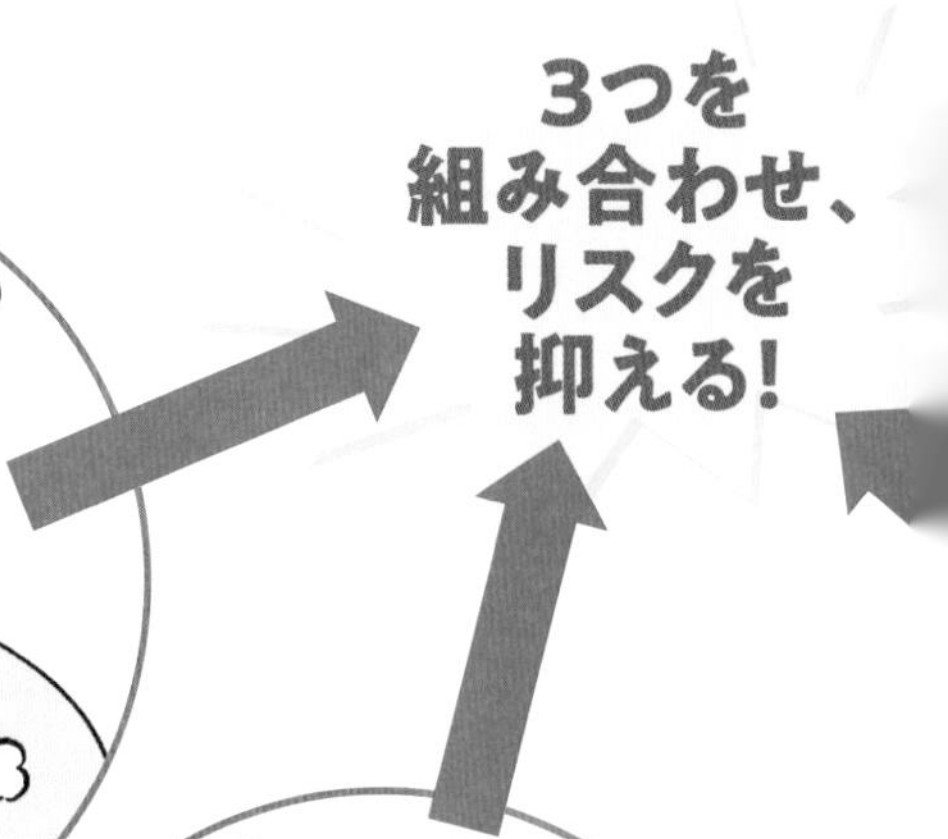
3つを
組み合わせ、
リスクを
抑える!

長期投資

金融商品を長く保有する投資手法。 長く保有すればするほど元本割れリスクを軽減することができる。

積立投資

決まった日に一定金額を投資し、 それを続ける投資手法。

積立投資は、「毎月3万円」という具合に、決まった日に一定金額を投資し続けることをいいます。短期的な値動きに左右されることがなく、投資ができます。

分散投資とは、複数に投資し、リスクを分散させる方法のことです。これには、特性の異なる複数の資産を組み合わせる「資産の分散」や、異なる地域や通貨を組み合わせる「地域の分散」があります。分散投資なら、1つの投資先が大きく値下がりしたとしても、ほかの投資先でカバーできます。

16

利回り

「利回り」ってなに?

利回り

利子

利息

金利

利率

利回りとは、元本に対して受け取る利息、または支払う利子の割合のことです。一般的に「利回り」というと、1年間の収益の割合を示す「年利回り」で求められます。

利回りは、次の計算式で求めることができます。

利回り＝利子合計額÷預け入れ期間／投資元本×100％

債券や投資信託などの投資を

投資の成果は利回りで測る

利回りは、投資の成果を測る尺度となります。ここでは、債券投資を例に、利回りを見てみましょう。

●利回りの計算式

$$\text{利回り} = \frac{\text{利子合計額} \div \text{預け入れ期間}}{\text{投資元本}} \times 100\%$$

※投資信託の場合は、利回り=収益の合計÷運用年数÷投資元本×100%

●債券投資の利回りの計算例

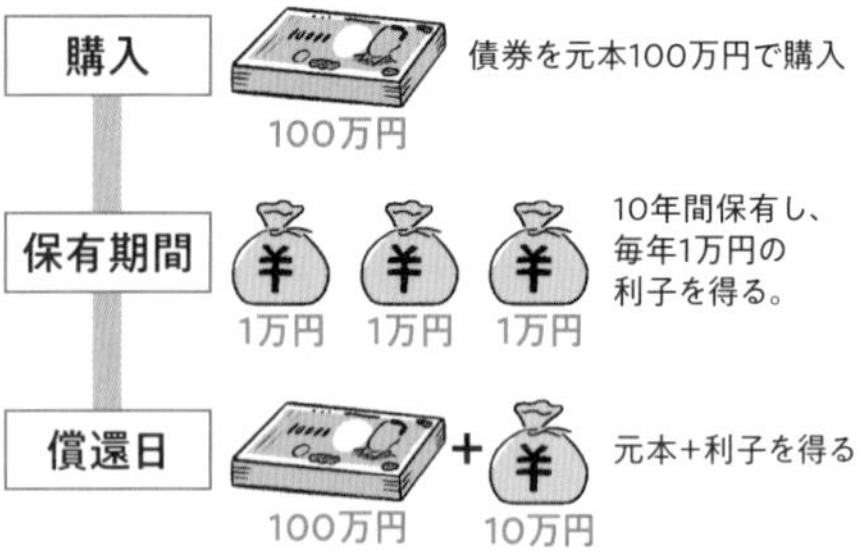

購入
100万円
債券を元本100万円で購入
保有期間
1万円
1万円
1万円
10年間保有し、
毎年1万円の
利子を得る。
償還日
100万円
+
10万円
元本+利子を得る

上記の例の利回りは…

$$\frac{\text{利子10万円} \div \text{10年}}{\text{100万円}} \times 100\% = \text{利回り}1\%$$

似ている言葉の意味を整理しよう

混同しがちな「利子」、「利息」、「金利」、「利率」、「利回り」という言葉。意味はわかりますか?

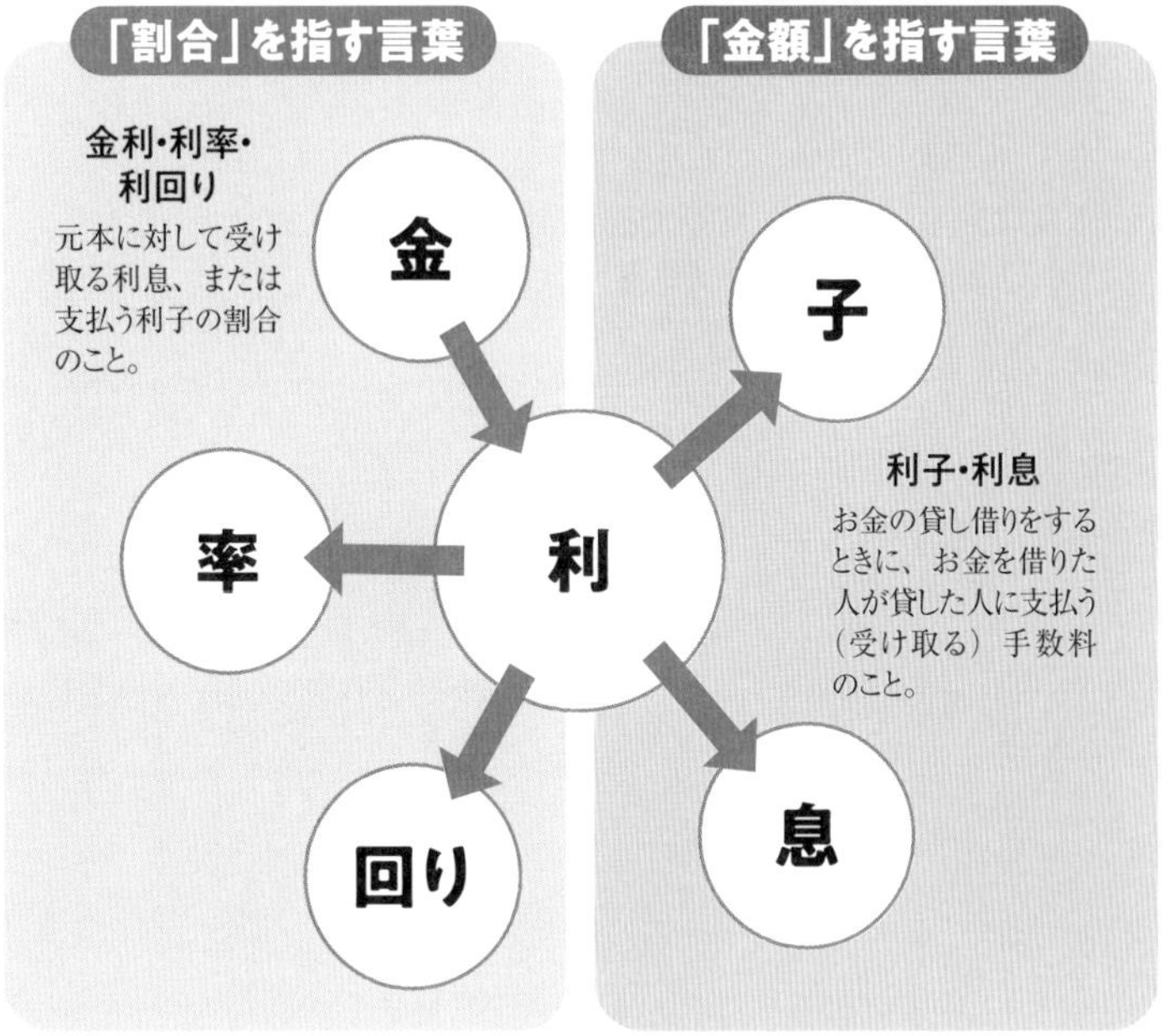
「割合」を指す言葉
「金額」を指す言葉
金利・利率・利回り
元本に対して受け取る利息、または支払う利子の割合のこと。
金
子
利子・利息
お金の貸し借りをするときに、お金を借りた人が貸した人に支払う（受け取る）手数料のこと。
率
利
回り
息

検討している場合、期待できる年間の利回りを計算することで、投資先選びの判断材料に役立てることができます。

金融の世界では、この利回りと似ている言葉がいくつかあります。

まず、聞きなじみのある「利息」。この言葉は、「利子」とほぼ同じ意味で使われる言葉で、お金の貸し借りをするときに発生する手数料のことです。元本に対する利子の割合を示す言葉が「金利」です。何%かという率で示されるため、「利率」や「利回り」と呼ぶこともあります。

深掘り！

Finance

単利と複利を知ろう！

単利　複利

単利とは

元本に対してのみ、利子が付く計算方法です。利子を受け取っても、再投資はおこないません。

元本は一定のため、毎年利子は同じ額になる。

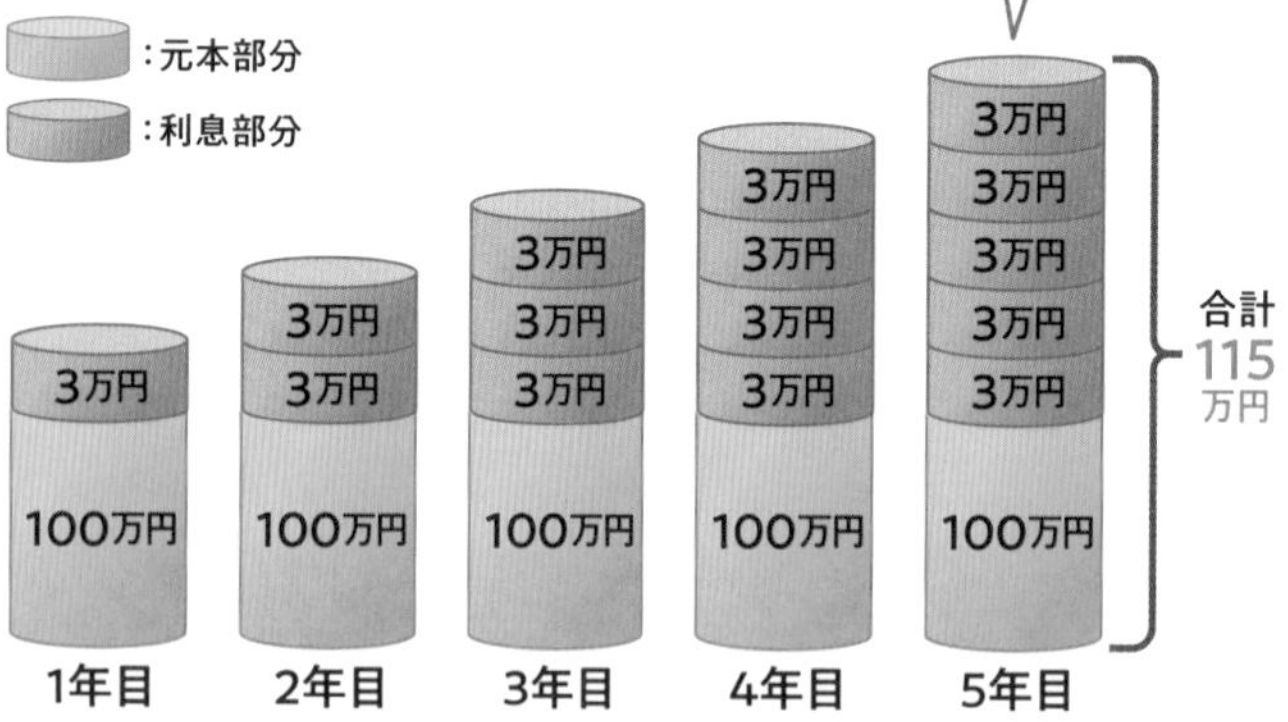

：元本部分
：利息部分
3万円
100万円
1年目
2年目
3年目
4年目
5年目
合計
115
万円

利子の計算方法には、「単利」と「複利」の2種類があります。

単利とは、**「元本に対してのみ利子が発生する」**計算方法です。例えば、元本100万円、年利率3％の単利なら、毎年、100万円の元本に対して3％＝3万円の利子が付くことになります。年数を経ても利子額は変化しません。

一方、複利とは、**元本に加えて、受け取った利子も再投資する**計算方法です。元本100万円、年利率3％の金利なら、1年目は3万円の利子

POINT

単利と複利の利子計算式

単利と複利の利子は次の計算式で算出できます。

●単利の利子の計算式
単利の利子（年間）＝
元本金額×金利

●複利の利子の計算式
複利の利子（年間）＝
元本金額×{(1+年利）年数の累乗}

複利とは

元本に加えて、過去に受け取った利子にも利子が付く計算方法です。利子は、再投資をおこないます。

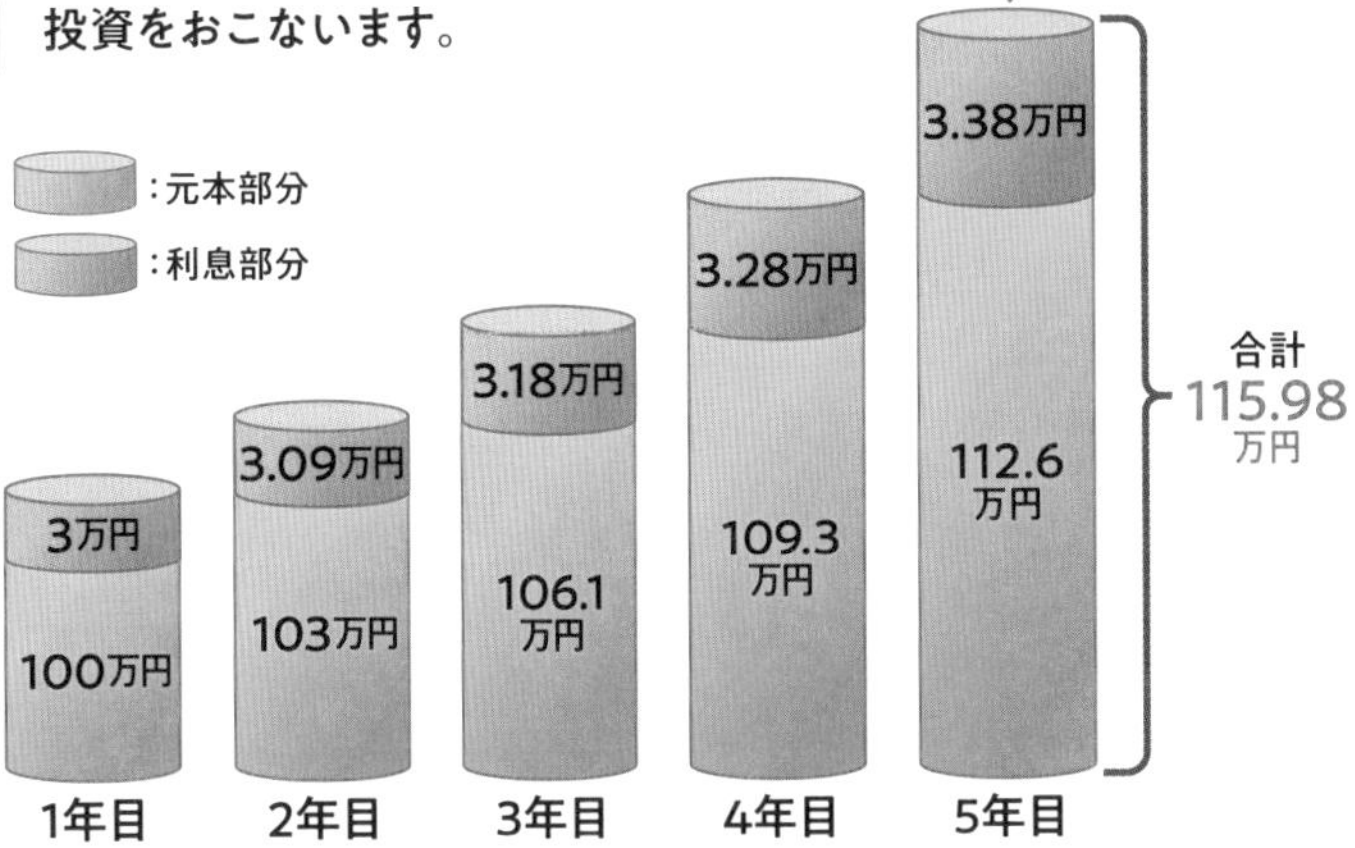
利子が再投資されるため、投資元本が増える。
:元本部分
:利息部分
3万円
100万円
3.09万円
103万円
3.18万円
106.1万円
3.28万円
109.3万円
3.38万円
112.6万円
合計
115.98万円
1年目
2年目
3年目
4年目
5年目

です。しかし2年目は、元本100万円と利子を合わせた103万円に対して3％の利子が付きます。よって、利子は3万900円になります。3年目は、元本106万900円に対して3％の利子が付くため、利子は3万1827円になり、金額はさらに増えます。このように、複利は利子部分に利子が付くため、**長い時間が経てば経つほど、お金が大きく増えていくのです。**これを「複利効果」といいます。

金融商品で、単利と複利が選べ、年利が同じであれば、複利を選んだほうがお得です。

17

証券市場

証券市場の全体像

「証券市場」とは

証券取引所や金融機関（証券会社や銀行など）を通じて、証券が取引される仕組みやプロセス全体を指します。

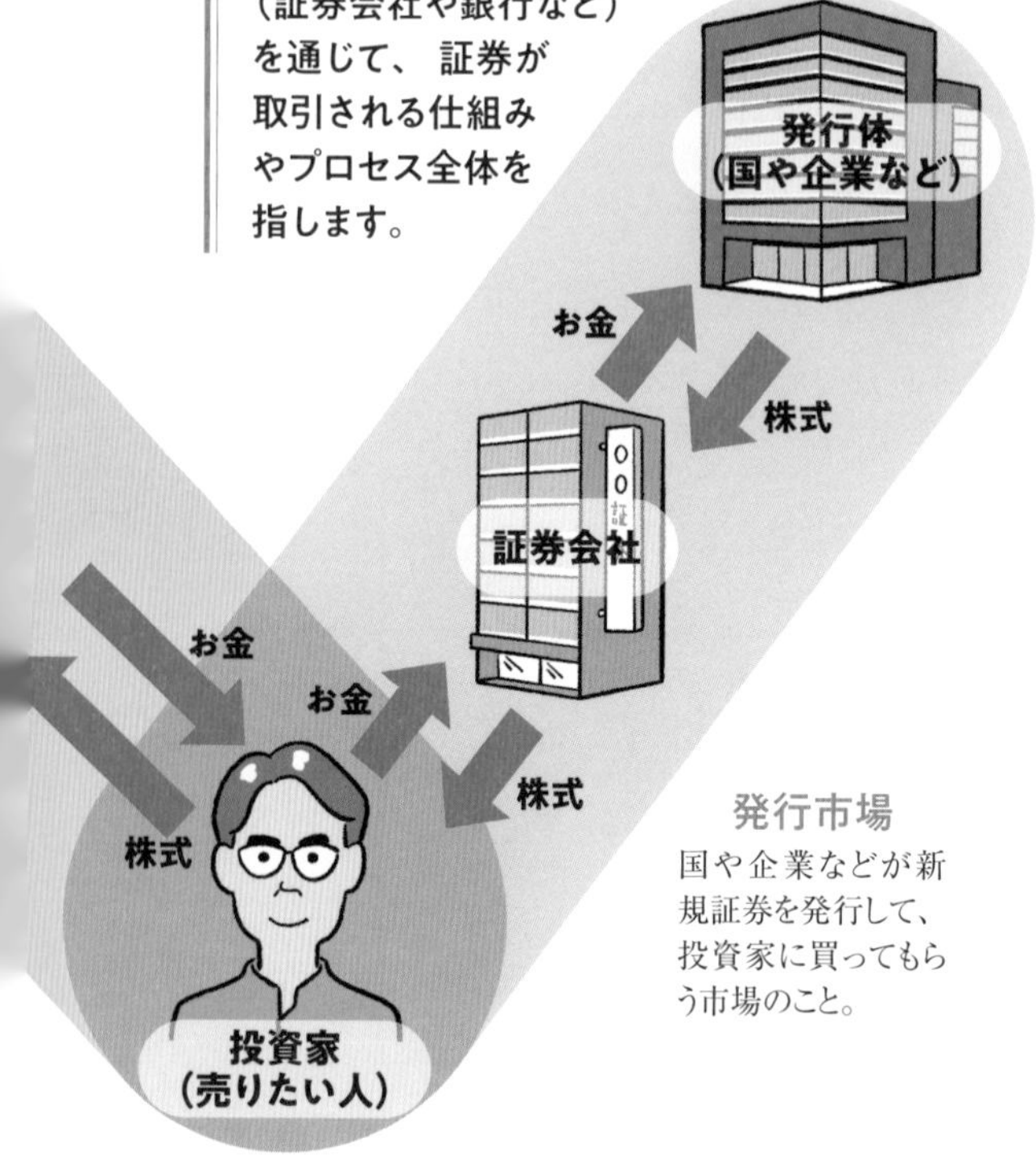

発行体
（国や企業など）
お金
株式
〇〇証
証券会社
お金
お金
株式
株式
投資家
（売りたい人）

発行市場

国や企業などが新規証券を発行して、投資家に買ってもらう市場のこと。

「証券」とは、国や企業などが資金調達のために発行する債券や株式などのことを指します。この証券が売買される市場のことが「証券市場」です。

証券市場は、「発行市場」と「流通市場」の2つにわかれています。

発行市場は、国が国債を、企業が株式や社債などを発行して投資家に購入してもらう

証券市場

発行市場

流通市場

POINT
証券市場の参加者

証券市場の参加者には、個人投資家や金融機関のほかに、機関投資家やヘッジファンドなどが参加します。

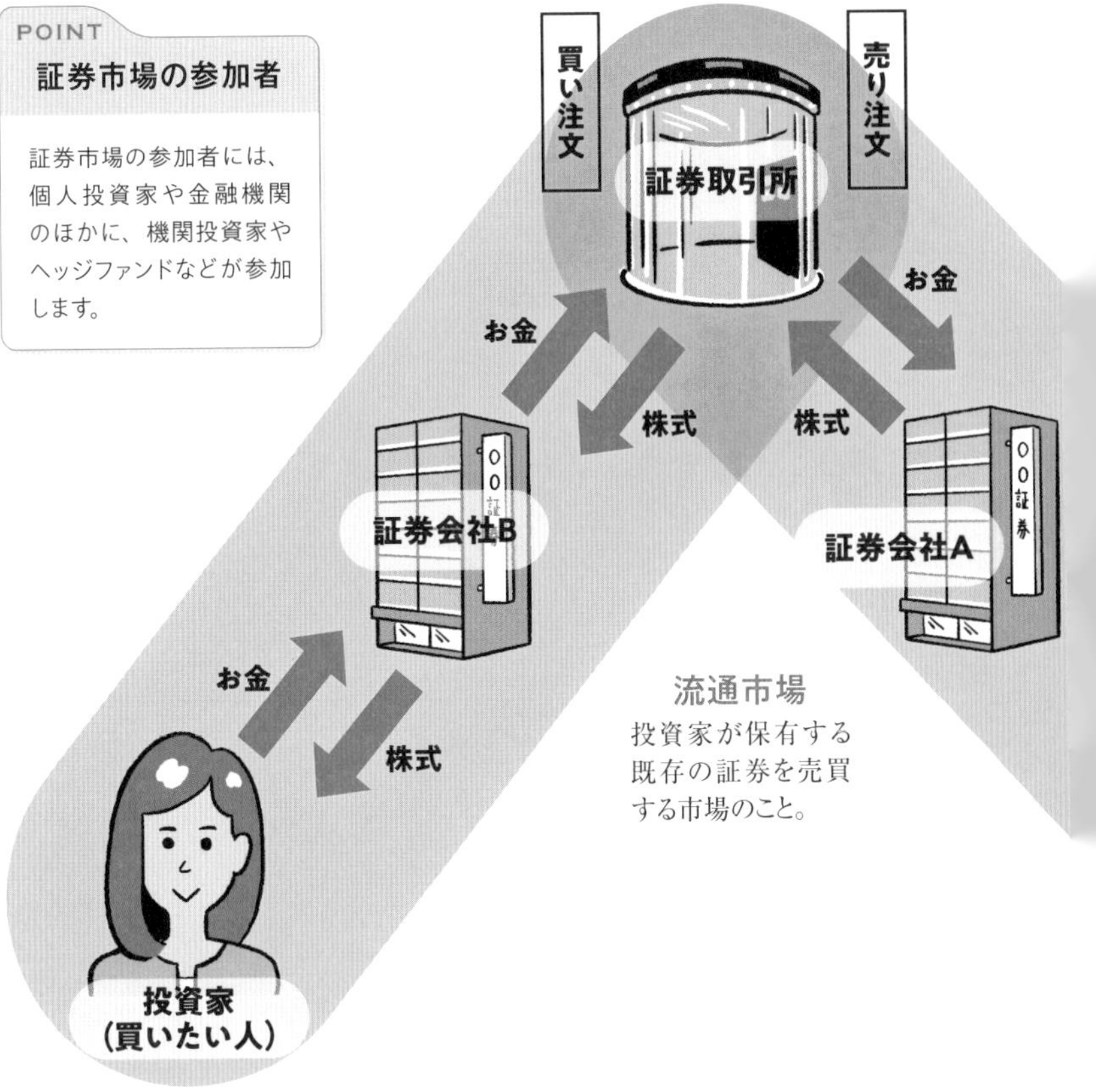
買い注文
売り注文
証券取引所
お金
株式
お金
株式
証券会社B
証券会社A
お金
株式
投資家
（買いたい人）
流通市場
投資家が保有する既存の証券を売買する市場のこと。

場です。つまり、発行体（国や企業）と、それを購入する投資家との間での取り引きとなります。

なお、発行には不特定多数（50名以上）の投資家を対象とする「公募」での発行と、50名未満の特定の投資家を対象とする「私募」での発行があります。

一方、流通市場は、**投資家が保有する証券を、投資家間で売買する場**です。例えるなら、「ヤフーオークション」のような個人間取り引きの場が流通市場と考えるとよいでしょう。

深掘り！ Finance

証券取引所の役割と上場の意味

証券取引所　上場

証券取引所の役割

証券取引所は、公平な市場を提供するために、次のような機能を担っています。

証券会社のチェック

証券会社がルールを守っているか、経営体制は安全かなどをチェックする。

取引のチェック

意図的な株価の操縦など、不正な取引がおこなわれていないかをチェックする。

決済

成立した取引について、株式や債券とお金を交換する仕組みを提供する。

システムの提供

需要と供給をマッチングさせてリアルタイムで株価を公表するシステムを提供。

上場審査

厳しい審査を通じて、一定の基準をクリアした企業だけを上場させている。

証券取引所とは、株式や債券などを取引するために、法律に則ってルールが整備された市場のことをいいます。

証券取引所は多くの役割を果たしています。まず、多くの市場参加者の注文を処理して、売買を成立させる役割です。次に、需要と供給に基づいた客観的な市場価格（株価等）を公表します。さらに、取引の内容を担保して、不正な取引を防ぎ、投資家を保護する役割も果たします。

なお、証券取引所での取引に参加できるのは、証券会社

証券取引所
市場を見守るプロデューサー的存在
投資家
「推し」の上場企業を投資で応援
応援よろしく!
上場企業
証券取引所の審査をパスし、株式などが売買できるようになった企業
C社ー
証券会社
投資家と上場企業をつなぐ役割

上場とは

発行体が発行する株式や債券を証券取引所で売買できるようになることをいいます。

などの金融機関だけです。個人は証券会社などを通じて取引をおこないます。

株式が、証券取引所で取引できるように登録されることを「上場」といいます。日本には２００万社以上の企業がありますが、上場している企業は約４０００社しかありません。会社のオーナーは株主であるという前提に立てば、創業者などの特定の人だけが株主である非上場会社は、私的な会社であり、不特定多数が株主となる上場会社は公的な会社だといえるでしょう。

証券会社の業務内容

ブローカー業務　ディーリング業務　アンダーライティング業務　セリング業務

ディーリング業務

利益を目的に、自己資金で証券を売買する業務。

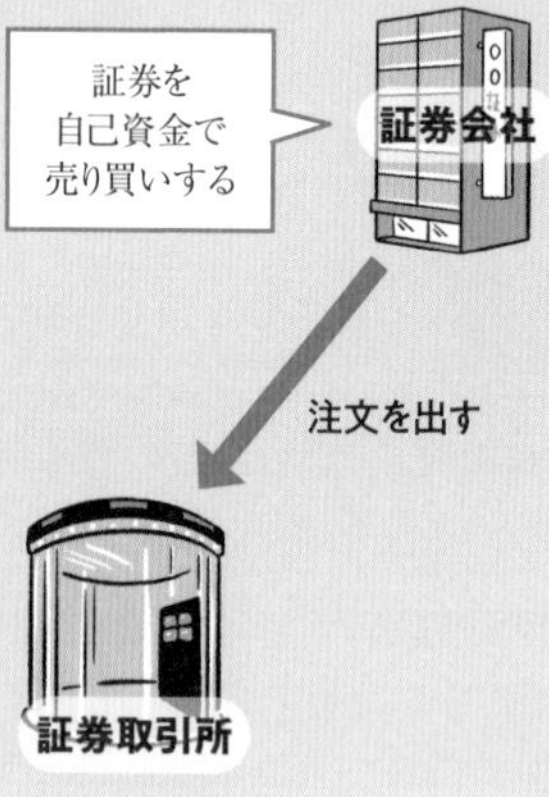
証券を
自己資金で
売り買いする
証券会社
注文を出す
証券取引所

ブローカー業務

個人投資家などからの売買注文を受けて、証券取引所に取り次ぐ業務。

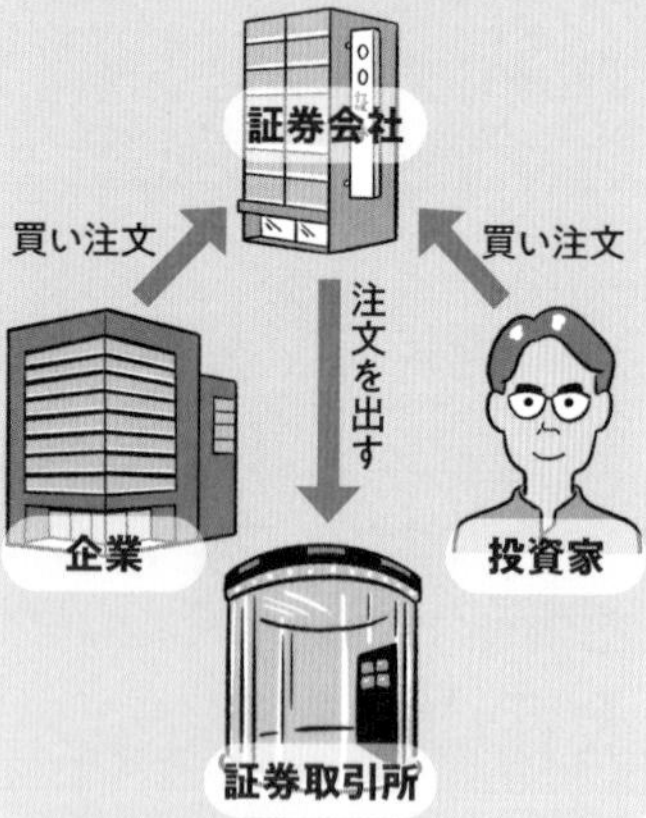
証券会社
買い注文
買い注文
注文を出す
企業
投資家
証券取引所

証券会社の業務には、大きくわけて、「ブローカー」、「ディーリング」、「アンダーライティング」、「セリング」の4種類があります。

まず、個人投資家にもっとも関連深いのが、「ブローカー業務」です。これは、**投資家から注文を受けて、証券取引所に取り次ぐ業務**です。

2つ目の「ディーリング業務」は、**証券会社が自分のお金で、利益を求めて証券を売買する業務**です。つまり、証券会社は、注文の仲介役としてだけではなく、自ら投資家としても証券市場に参加して

POINT

4つの業務すべてをおこなう総合証券

すべての証券会社がこの4つの業務をおこなっているわけではありません。一部業務だけをおこなう証券会社もあります。4つの業務すべてをおこなう証券会社を「総合証券」といいます。

セリング業務

あらたに発行、またはすでに発行した証券を買う投資家を募集し、販売する業務。

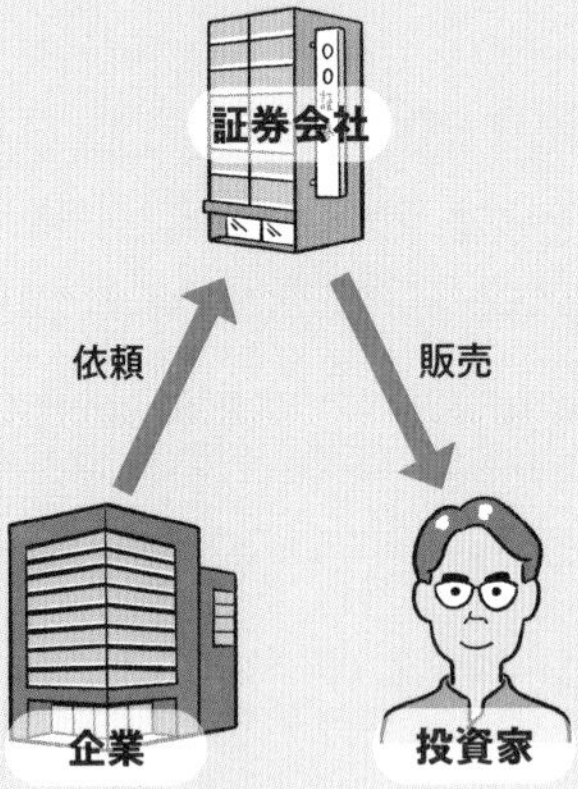

証券会社
依頼
販売
企業
投資家

アンダーライティング業務

企業が発行した株式などを買い取り、買ってくれる投資家を探して販売する業務。

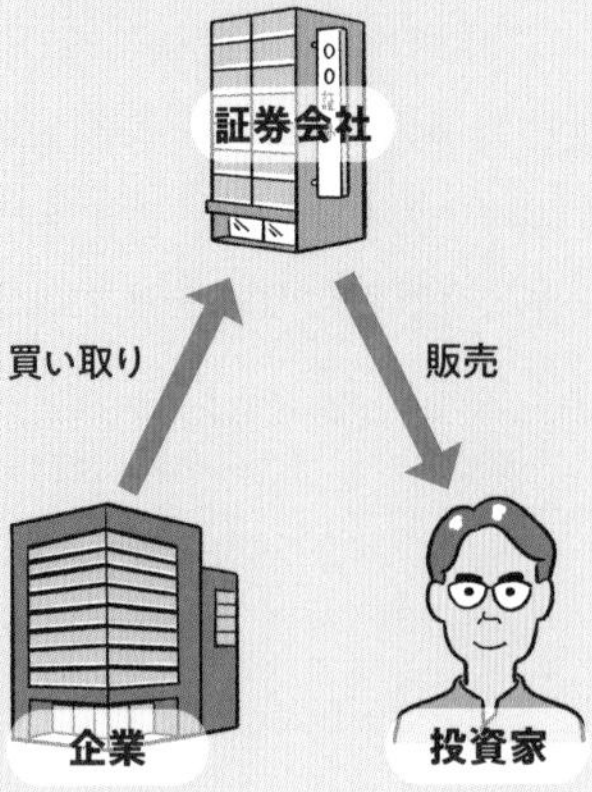

証券会社
買い取り
販売
企業
投資家

いるのです。

発行市場においては、企業が発行した株式などを引き受けて、投資家に販売する「アンダーライティング業務」が重要です。証券会社にまかせれば、株式を発行する企業が自分で投資家を見つける必要がありません。

「セリング業務」は、企業などから依頼を受け、あらたに発行、またはすでに発行した証券を買う投資家を募集、販売する業務です。

このように、証券会社は仲介者の一面と、投資家の一面を持つのです。

COLUMN

2

コロナウイルスやウクライナ侵攻が金融に与えた影響 日本や世界はどうなった?

コロナ禍が急拡大した2020年前期は、世界的に経済活動が停滞しました。各国政府は大規模な財政支出を実施し、人々の暮らしや経済活動を支えました。中央銀行も政府と足並みを揃えて、金利引き下げなどの金融緩和策を実施し、資金供給を支えました。財政と金融が足並みを揃えた大量の資金供給により、2021年以降は、日本を除いた世界各国でインフレが進行しました。過剰な資金が投資に向かい、アメリカをはじめ世界の株式市場も高騰します。

その最中の2022年2月に勃発したのが、ロシアのウクライナ侵攻です。ロシアは原油、ウクライナは小麦など、両国ともに一次産品輸出国であり、侵攻により国際商品価格は、急騰しました。かねてより進行していたインフレが一気に加速します。

それに対して、アメリカのFRBや、EUのECBをはじめ、日本以外の世界の中央銀行は、政策金利を引き上げ、金融引き締めに動きました。日銀だけは、低金利政策を続けていたため、内外の金利差が拡大し、低金利の円が売られて、急速な円安が進行して現在に至ります。世界的な事件と金融は、連動しながらダイナミックに動いているのです。

Chapter 3

投資商品の種類

株式、債券、投資信託など、
多くの種類が存在する投資商品。
各商品の仕組みや特徴を知り、
投資に役立てましょう。

18

投資商品

投資商品にはどんな種類がある？

金融商品

実物商品

投資商品は2種類ある

投資商品にはさまざまありますが、「金融商品」と「実物商品（非金融商品）」とに大別されます。

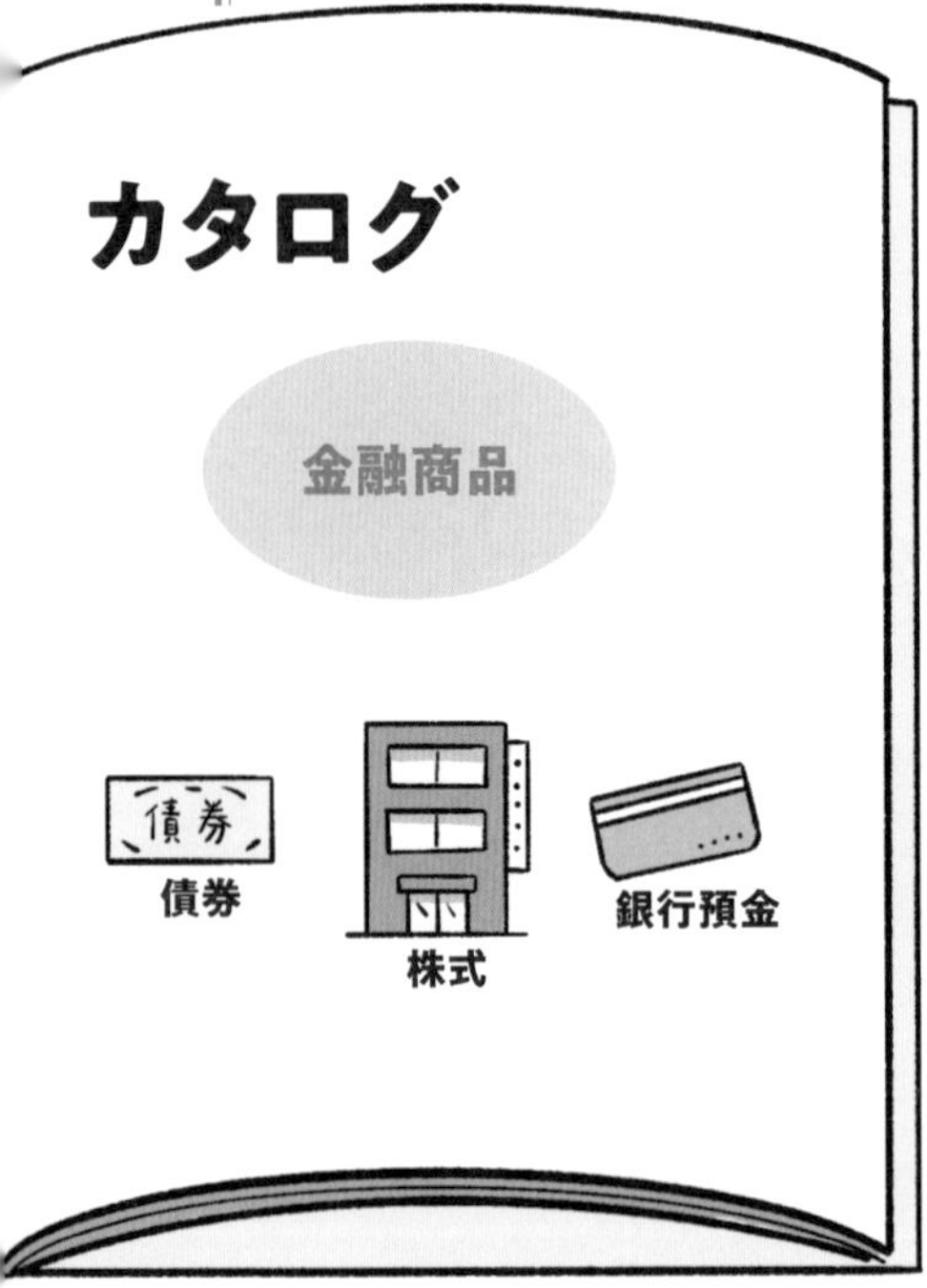

広義の投資とは、価値が成長する対象にお金を投じて、その成長から将来の収益を得ることを期待する行為です。投資する対象には、金融商品として金融機関などで購入できるものもあれば、不動産や金（ゴールド）のように、金融商品ではない投資商品もあります。また、社会人が自己研鑽のために学校に通うことを「自己投資」といっ

投資商品を評価する
3つの視点

❶
安全性
安全性は、元本が減る可能性がどのくらいあるかということです。

❷
流動性
流動性とは、現金への変えやすさ、換金にどのくらい時間がかかるかを指します。

❸
収益性
収益性とは、どのくらい元本が増える可能性があるかということです。

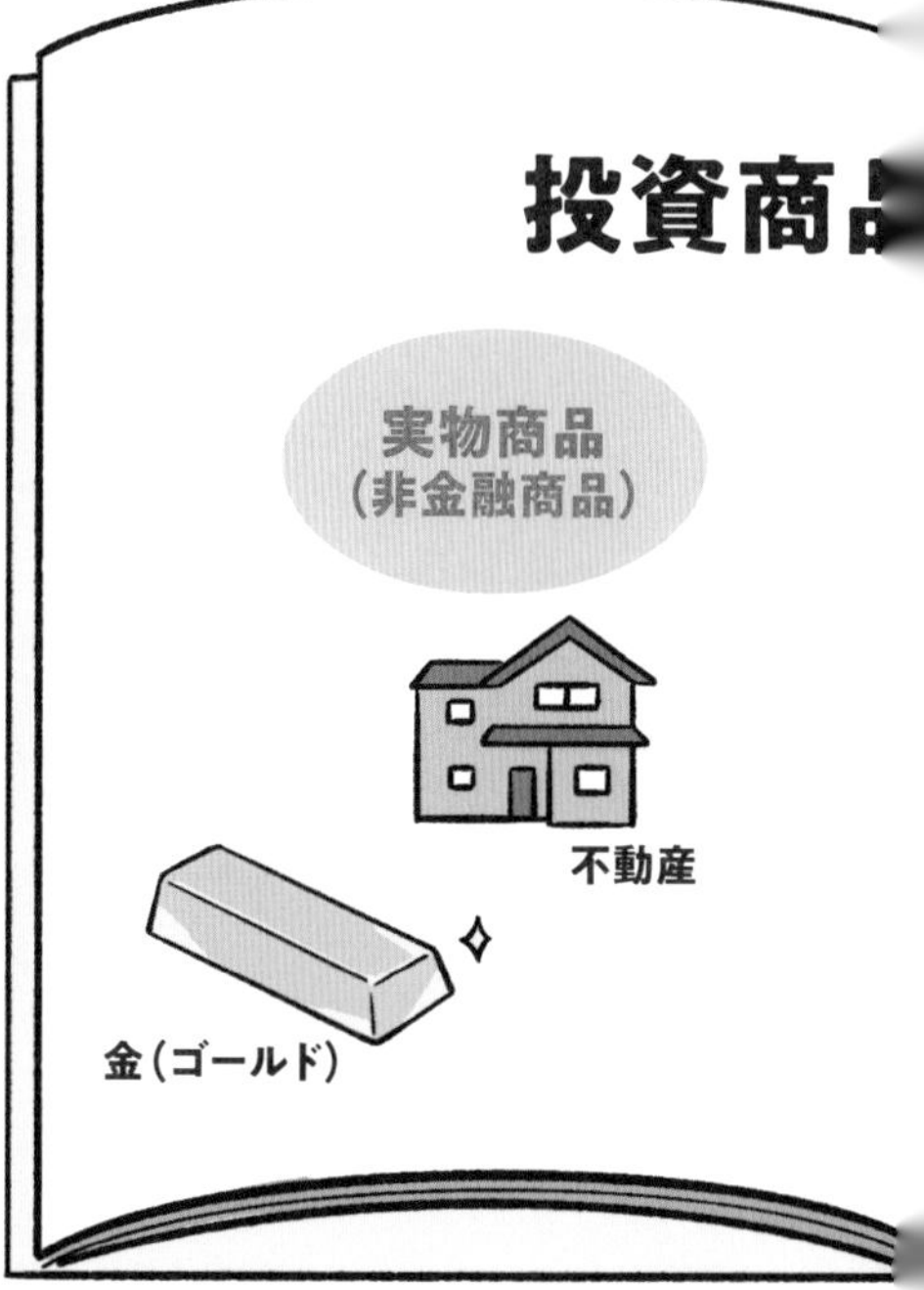

たり、子どもを塾に通わせることを「教育投資」と呼んだりしますが、これらも広い意味では投資の一種です。

　ここでは、狭義の投資商品として、銀行預金や株式、債券などの金融商品と、不動産や金などの実物商品（非金融商品）の分類があることを知っておけばよいでしょう。

また、たくさんある投資商品から商品を選ぶときに役立つのが、「安全性」、「流動性」、「収益性」の3つの視点です。この3つの視点により特徴をつかめ、比較検討しやすくなります。

19

銀行預金

銀行預金

銀行に預金するだけでお金が増える

銀行預金には利子がつくことから、お金を預けるだけでお金が増えます。利率が高ければ高いほど、お金は増えていきます。

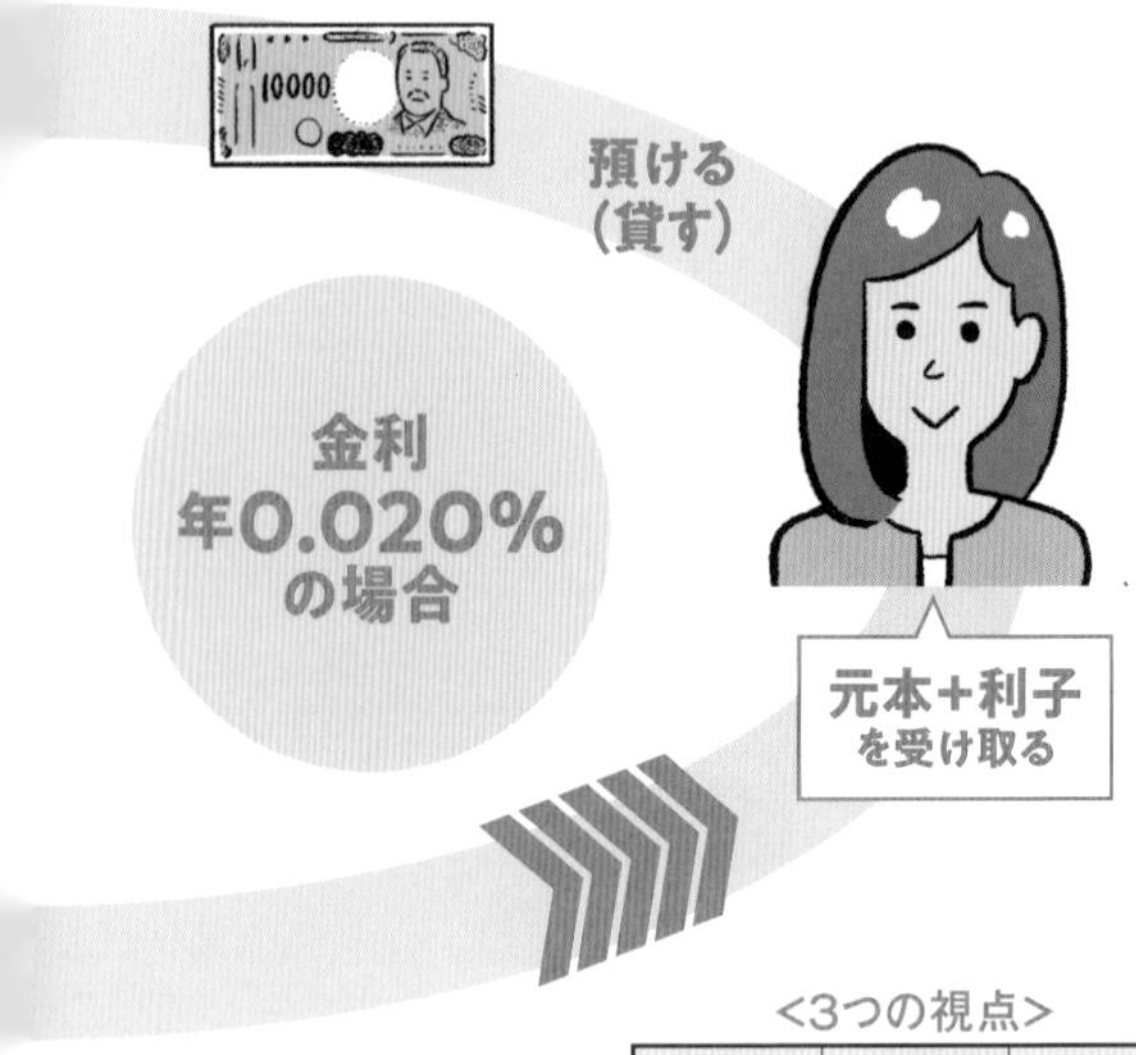
10000
預ける
（貸す）
金利
年0.020%
の場合
元本＋利子
を受け取る

<3つの視点>

安全性	流動性	収益性
◎	◎	△

銀行預金も、広義では投資商品になります。私たちが銀行に預け入れたお金は、銀行から企業への融資などに使われます。融資を受けた企業などは融資資金を用いて事業をおこない、銀行に利子を支払います。そして、その利子の一部が、私たちの預金の利子となるのです。

銀行預金は原則的に元本保証なので、安全性が

金利

POINT

かつては銀行預金でお金が倍になった時代も

1970〜80年代は、銀行預貯金の金利が高金利時代でした。1974年の銀行預金（普通預金）の金利は3%、1980年のゆうちょ銀行（郵便局）の定額貯金の金利は、なんと7%以上もあったのです。しかし、バブルがはじけた1990年初頭から急激に下がり、2021年には普通預金の金利は0.001%程度となっています。かつては銀行にお金を預けて10年程度放っておくだけでもお金がどんどん増えていましたが、金利が低い現代では預貯金以外の投資の選択肢を持つことが重要となるのです。

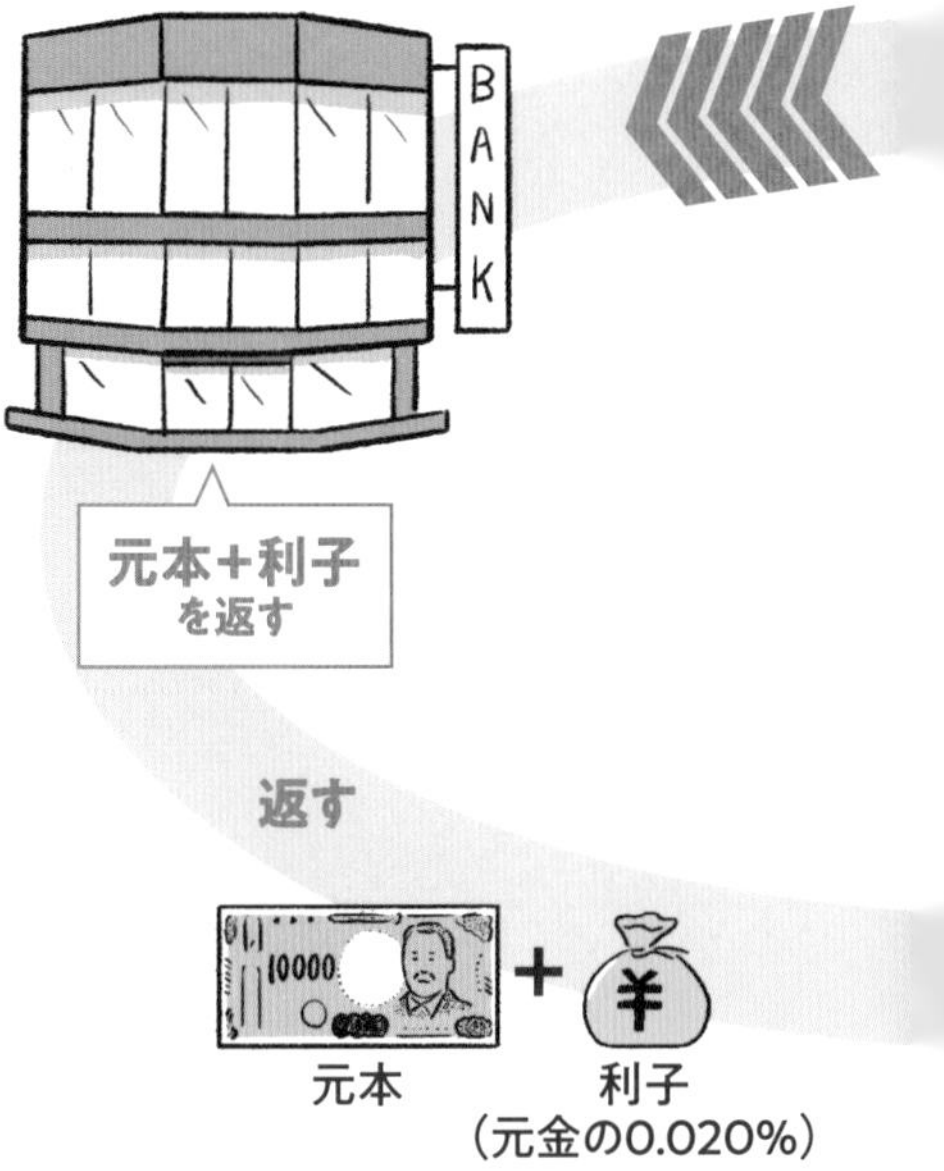

高くリスクが低いのが特徴です。ただし、「ペイオフ制度」と呼ばれる制度があり、銀行が経営破綻した場合、預金の返還が保証されるのは、１金融機関につき、１０００万円とその利子までとなっています。銀行預金は「元本保証」といわれますが、無制限ではないことを知っておきましょう。

銀行預金も投資商品のひとつではありますが、現状の金利はとても低い利率です。そのため、投資資金ではなく、生活資金を置いておくために使うとよいでしょう。

20

株式

株式

株式投資のお金のゆくえ

株式投資によって、企業は大きな資金を得ることができ、その資金を使って事業を拡大させ、より大きな価値を創出します。

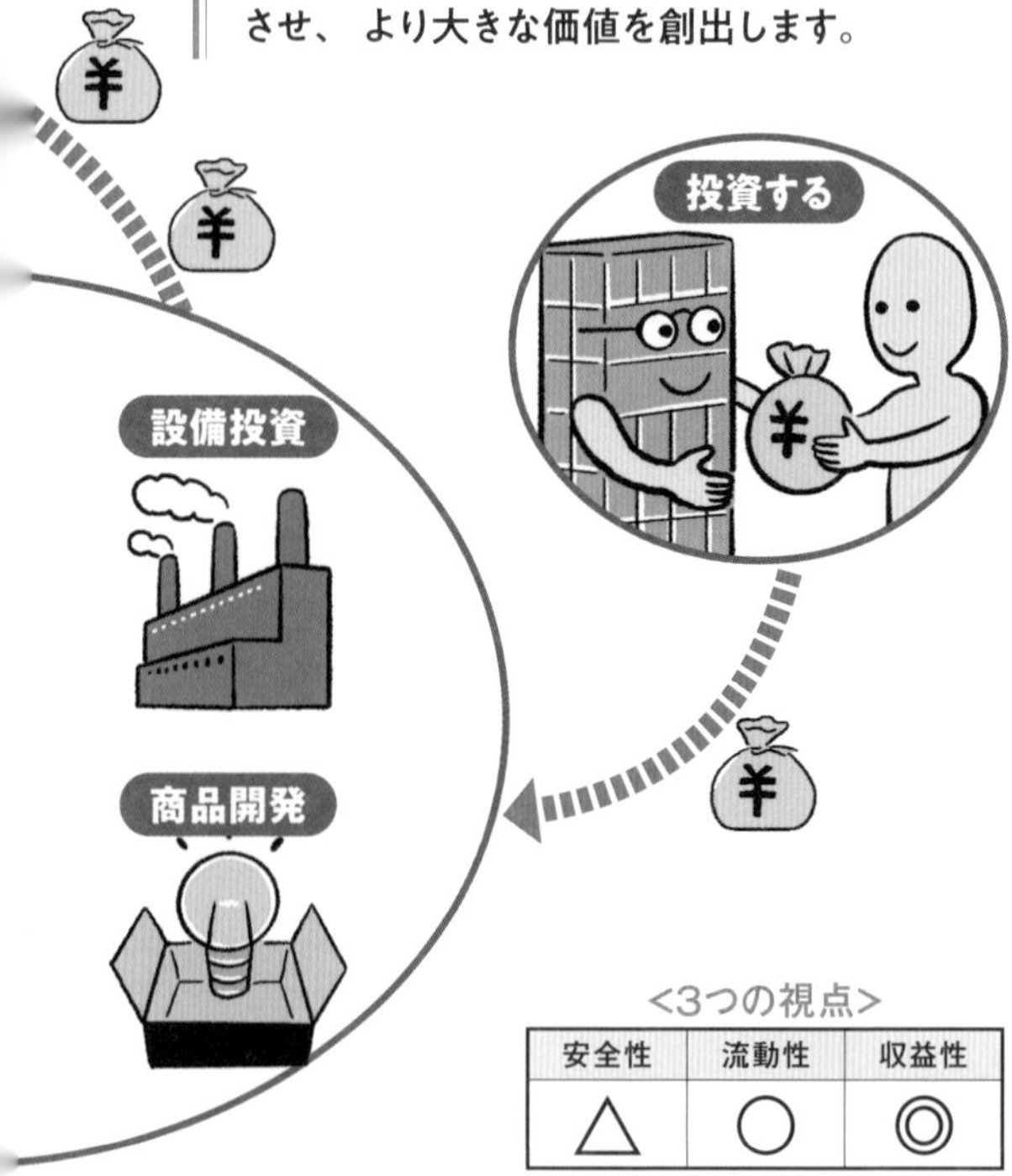

<3つの視点>

安全性	流動性	収益性
△	○	◎

株式投資とは、株式市場に上場している株式会社の株式を購入することで、その会社がおこなう事業に投資をすることです。

企業の事業活動においては、設備購入、マーケティング活動、人材育成、新商品開発など、多くの投資が必要になります。企業がその投資のための資金を得る方法の1つが、金融機関からの融

株式市場

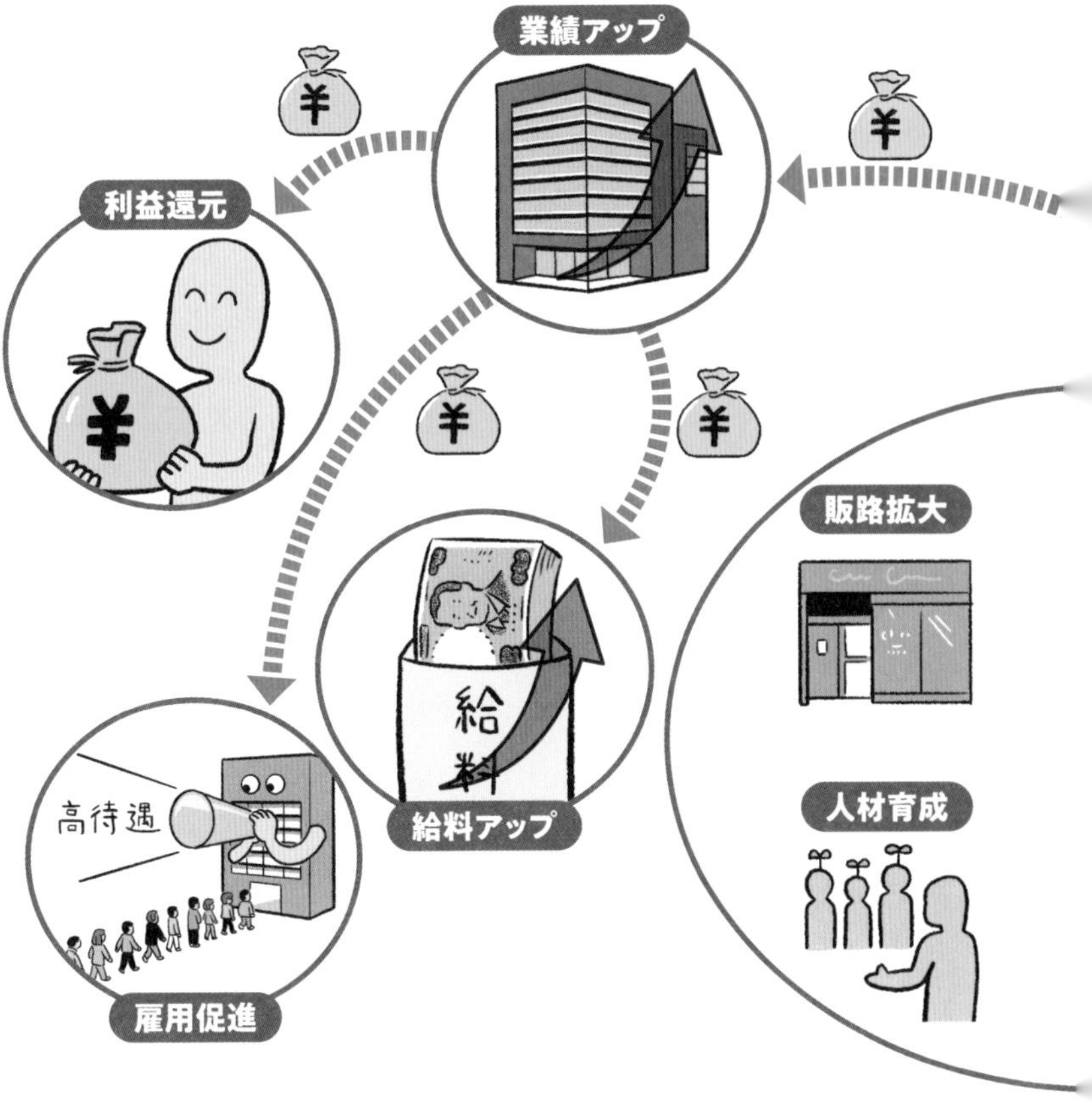

資を受けること。そして、もう1つが株主からの出資を受けることです。会社の設立時や、新株の発行、株式公開（IPO）など、企業が新しく株式を発行するときに株を買ってもらうのが、直接的な出資の機会となります。その後、株式は証券取引所で売買をおこなうことが可能になります。今まで株式を保有してきた人から持ち分を買うことで、株主となることができます。

　株主は「株主権」という権利をもちます。おもな株主権は、議決権、利益配当請求権、残余財産分配請求権です。

深掘り！
Finance

株式投資で得られる3つの利益

売却益　配当　株主優待

売却益（キャピタルゲイン）

株を安く買って高く売った差額としての利益が「売却益」です。企業が成長し、株価が上がれば、売って売却益を得ることができます。ただし、株価が下がれば値下がり損となる恐れもあります。

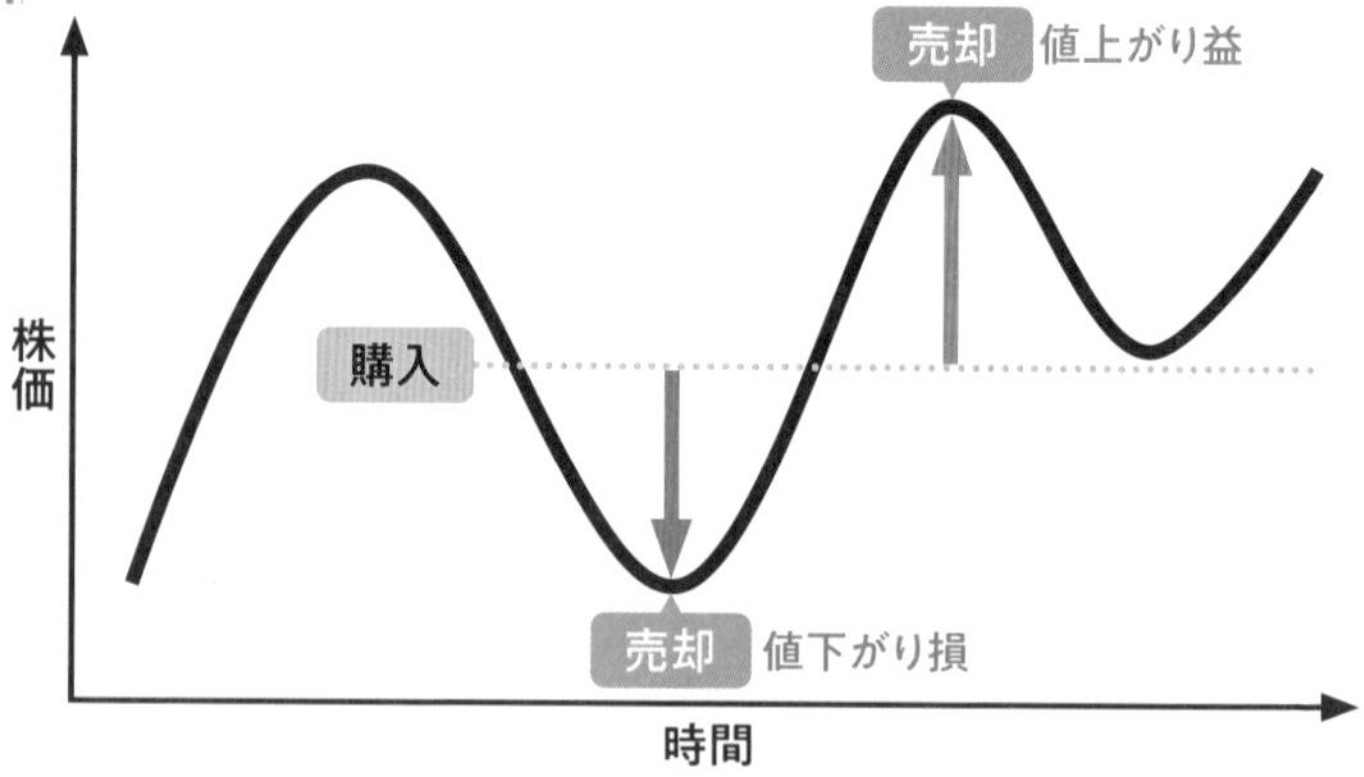

売却
値上がり益
株価
購入
売却
値下がり損
時間

株式投資によって得られる利益には、キャピタルゲインとインカムゲインがあります。キャピタルゲインは、「売却益」のことです。これは、**株式の購入価格よりも高い価格で売却して、価格差で儲けます**。いわゆる「転売」に似ていますが、投資が転売と異なるのは、投資した対象（企業）の「将来価値の見込み」が、購入時よりも増大している点にあります。

株主に利益を還元する方法に「自社株購入」もあります。自社株購入は、**自社の株式を株式市場から買い戻す方法で**

配当（インカムゲイン）

企業は3か月ごとなどに決算をします。決算で最終的に残った利益（当期純利益）の一部を、現金で株主に支払うのが「配当」です。日本の上場企業の平均配当性向（利益金額に対する配当金額の割合）は30%程度となっています。また、配当のある企業の平均配当利回り（株価に対する配当額の割合）は2%程度です。ただし、配当のない（無配）企業もあります。

株主優待（インカムゲイン）

企業が自社製品・サービスを知ってもらうために、その製品やサービス利用の割引券などを株主に提供する制度です。

す。これにより、流通する株式の総数が減るため、その分1株当たりの価値が上がり、株主利益につながります。

インカムゲインには、「配当」、「株主優待」があります。

配当とは、会社の事業活動によって得られた利益の一部を株主に現金として支給するものです。利益のうちどれくらいの割合を配当するのかを、「配当性向」と呼びます。

株主優待は、自社の製品や優待券などを株主にプレゼントする制度です。ただし、実施企業は減少傾向にあります。

深掘り！ Finance

株価を動かす要因と株価指標

株価指標　四季報

株価を動かすミクロ要因とマクロ要因

株価は株式市場の需給（需要と供給）で決まります。その需給に影響を与える要因は、その企業だけに関連する「ミクロ要因」と、株式市場全体に関係する「マクロ要因」に大別されます。ミクロ要因の代表的なものは、その会社の業績の変化、および将来の業績変化を予測させる事態（新製品のヒット、不祥事など）です。マクロ要因には、景気、金利、為替など、経済全般の動向があります。

株価を動かす要因

ミクロ要因
（その企業だけに関連する要因）
- 企業の業績
- 企業の将来性
- 不祥事

マクロ要因
（株式市場全体に関係する要因）
- 景気動向
- 金利水準
- 外国為替
- 国内政治の動向
- 国際情勢
- 自然災害・天候

株式投資とは、会社や事業の成長に資金を投じるものです。会社や事業は、1日単位で変化するようなものではなく、数か月から数年単位で変化・成長していくため、株式投資では、必ずしも毎日の株価の動きを気にする必要はありません。

とはいえ、まったく株価を見ないで放置しておくこともよくありません。短期に大きな値動きがあるときは、会社に何らかの異変が生じていると考えられるからです。また、投資をする会社を選ぶ際には、複数の会社を比

代表的な株価指標

株価指標には、「PER（株価収益率）」や「PBR（株価純資産倍率）」「ROE（自己資本利益率）」などがあります。これらの指標は、株価を比較、評価する際に用います。

株価指標	概要	計算方法
PER（株価収益率）	株価が1株当たり利益の何倍になっているのかを見る指標。大きければ割高、小さければ割安。	EPS（1株当たり利益）＝当期利益／発行済み株式数 PER=株価／EPS
PBR（株価純資産倍率）	株価が1株当たり純資産の何倍になっているのかを見る指標。1倍が目安となり、1倍以下なら割安とされる。	BPS（1株当たり純資産）＝純資産／発行済み株式数 PBR=株価／BPS
ROE（自己資本利益率）	自己資本（純資産）に対してどれだけの利益（当期純利益）が生まれたかを示す指標。高いほど優良株の傾向。	ROE=当期純利益／自己資本×100%

POINT

『会社四季報』やニュース番組を活用しよう

日本の上場企業について、企業・事業概要、業績や財務のポイント、株価指標などをまとめたデータ集が『会社四季報』（東洋経済新報社）です。四季報という名前からわかるように、春夏秋冬の年4回発行されています。最新の企業動向については、ニュース番組や経済新聞で確認しましょう。

較して、より将来の成長性が高いと見込まれる会社、あるいは、その見込みに対して、相対的に株価が低い評価の会社に投資するのが基本です。

　会社を比較する際に、その株価同士を直接比較しても意味がなく、利益や資産などとの関係で評価します。このような評価に用いる指標を「株価指標」といいます。株価指標には、「PER（株価収益率）」や「PBR（株価純資産倍率）」「ROE（自己資本利益率）」などがあり、それらを活用して比較・検討するとよいでしょう。

21

債券

債券

債券は借用証書のようなもの

債券は、一定期間後に元本を返済し、それまでの間に利子を支払うという約束を記した有価証券です。よって「借金の借用証書」のようなものといえます。

発行体はさまざま

債券の発行体には、国、地方自治体、民間企業など、さまざまあります。

<3つの視点(国債)>

安全性	流動性	収益性
◎	△	○

債券とは、簡単にいうと国や地方自治体、企業などが借金をしたいときに発行する有価証券です。つまり、「借用証書」のようなものだと考えてもいいでしょう。

債券を発行する主体のことを「発行体」といいます。また、債券の券面上の価格を「額面金額」といいます。発行時に額面金額で購入すれば、額面金額＝投資元本となります。

有価証券

発行体

額面金額

償還日

クーポン

満期まで保有すると、
額面金額が支払われる
債券を満期まで保有すると、額面金額が支払われます。発行時に購入して、償還日まで保有すれば、元本が毀損するリスクはありません。（発行体が経営破綻していない場合）
債券を発行するから
お金貸してください!
債
券
債
券

POINT

発行体のデフォルトリスクは「格付け」で評価

債券は、発行体が経営破綻すれば、返還されない「デフォルトリスク」があります。そのリスクを表したのが、格付け会社による「格付け」です。格付けの高い発行体の債券は破綻する可能性が低い分、相対的に利回りが低くなります。格付けが低い発行体の債券はその逆となります。

さらに、債券には元本の返済期限である「償還日」と、利子である「クーポン」が明示されています（クーポンのない債券もあります）。

投資家が、債券を購入した場合は、保有している間、定期的にクーポン（利子）を受け取ることができます。そして、償還日になれば、額面金額の償還金を受け取ることができます。注意すべきは、**償還日以前に償還してもらうことができない点です**。その不便さがあるため、預金より高い金利が設定されています。

深掘り！

Finance

債券の特徴と分類

償還日　クーポン(利子)　外国債

債券の特徴は満期保有で額面金額が戻ること

債券の最大の特徴は、債券を償還日（満期）まで保有すると、発行体が破綻しない限り、額面金額が戻ってくることです。既発債は既発債市場で売買されているので、額面金額より低い価格で既発債を購入できて、償還まで保有すれば、額面金額と購入金額の差額も利益になります。

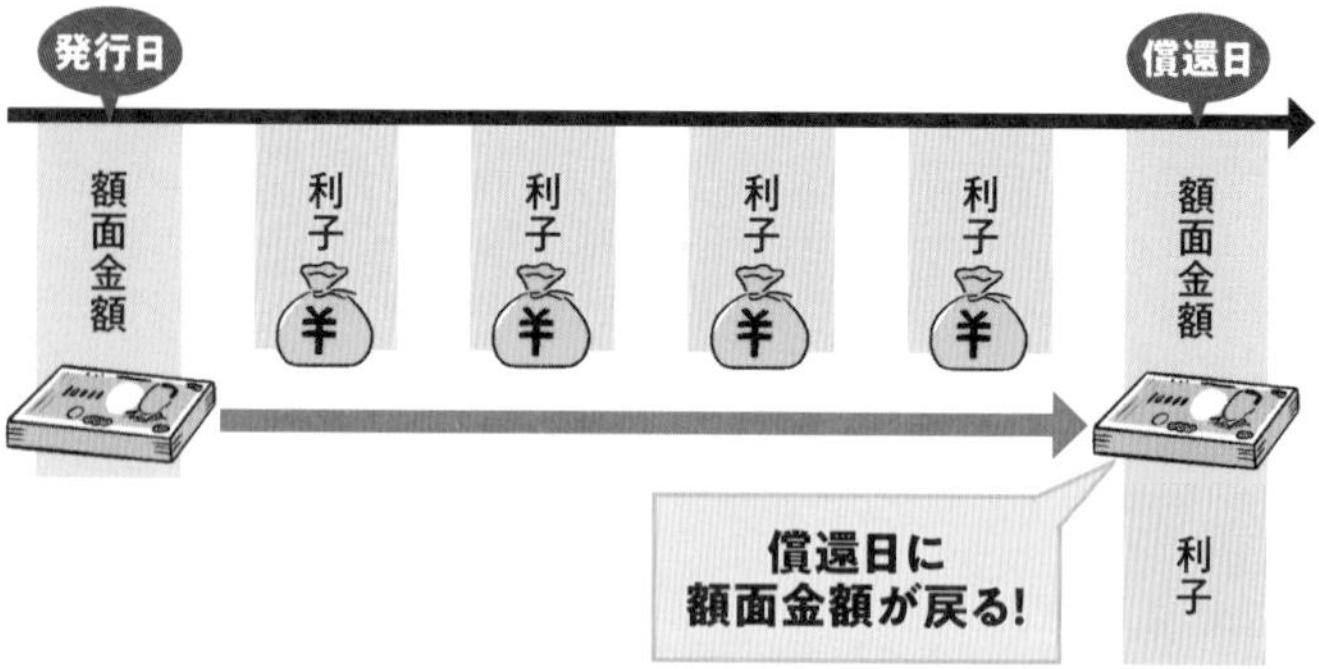

発行日
償還日
額面金額
利子
利子
利子
利子
額面金額
償還日に額面金額が戻る!
利子

債券は、償還日（満期）になると元本が戻ってくることが最大の特徴といえます。これは、債券に投資するお金が、発行体の借金であるためで、償還日が来れば、貸したお金を戻してもらえるわけです。また、債券を保有している期間中は、定期的にクーポン（利子）を受け取ることができるのも魅力といえるでしょう。

債券には、多くの種類があり、それぞれ特徴が異なります。その特徴をつかむのに役立つのが、債券の分類です。

債券の分類

債券は、 発行体、 外国債、 利率、 発行時期、 償還期間などによって分類することができます。

分類	債券名称		概要
発行体による分類	国債		国が発行する債券
	地方債		地方公共団体が発行する債券
	社債		一般の株式会社が発行する債券
	外国債		外国政府など、海外の機関が発行する債券
外国債の分類	円建て債券	サムライ債	外国政府など、海外の機関が日本円で発行する債券
		ユーロ円債	日本または外国の発行体が日本以外の市場で発行する円貨建ての債券
	外貨建て債券（米ドル建て債、ユーロ建て債など）		狭義の外国債
	二重通貨建て債券（デュアルカレンシー債）		償還通貨と利払い通貨が異なる債券
利率などによる分類	利付債	固定利付債	利率が変化しない債券
		変動利付債	市場金利に応じて利率が変化する債券
	ゼロクーポン債（割引債）		クーポンの支払いがなく、額面金額からクーポンの利回り分があらかじめ割り引かれた価格で発行される債券
	物価連動債		発行時の元本額が物価に応じて変化する債券
発行時期による分類	新発債		新規に発行される債券
	既発債		過去に発行され、債券市場で売買されている債券
償還期間による分類	短期		償還期間が1年以下
	中期		償還期間が1年超5年以下
	長期		償還期間が5年超10年以下
	超長期		償還期間が10年超（日本国債の最長期は40年国債）

①発行体による分類

国、地方自治体、企業など、発行体による分類です。

②外国債による分類

発行体、発行市場、取引通貨のいずれかが外国である債券のことを「外国債」と呼びます。

③利率などによる分類

利子がつくか、利率は固定か変動かなどで分類されます。

④発行時期による分類

債券が発行された時期による分類です。

⑤償還期間による分類

満期までの年数によって分類されます。

深掘り！

Finance

債券の価格はどうやって決まる?

新発債　既発債　金利

債券価格と金利は逆の動きになる

債券価格と金利は密接に関係していて、金利が上昇すれば価格は下落、金利が低下すれば価格は上昇するという、逆の動きになります。

金利2%の債券の場合

金利が3%に上昇すると…

2%の債券の魅力が下がり、
債券価格が下落する。

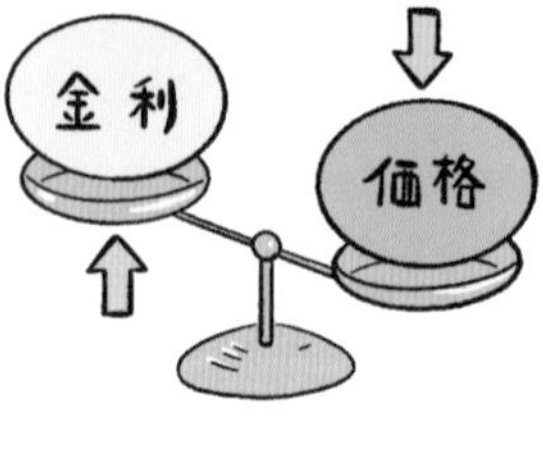

金利が1%に低下すると…

2%の債券の魅力が上がり、
債券価格が上昇する。

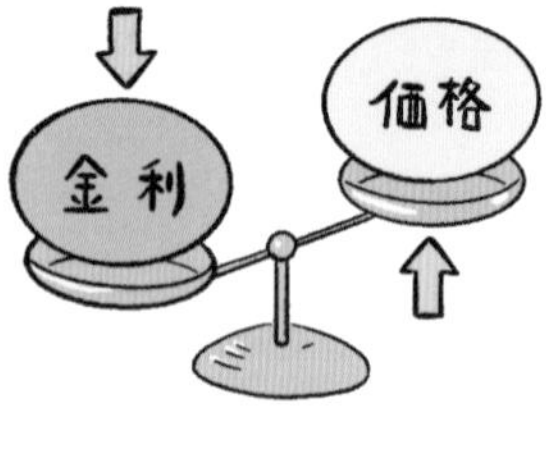

債券の価格は、新発債か、既発債かで異なります。新発債の価格は、多くの場合、額面金額＝販売価格となります（国債では、入札による場合もあります）。

既発債の価格は、株式などと同様に、市場で形成される価格＝時価になります。

入札による新発債、または既発債の価格は、金利と逆の動きになります。そして、それを動かす要因は、債券の需要の変化です。多くの場合、需要の変化は将来の金利予測の変化に基づきます。

例えば、いま長期金利が

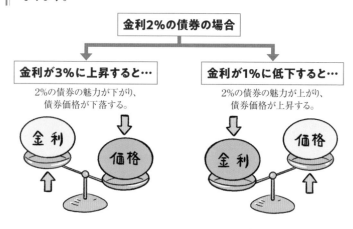

債券市場で債券価格が動く仕組み

債券市場（既発債）での債券価格は、次のような仕組みで動きます。

1. 市場参加者の金利予想に変化が生じる。
2. 新たに発行される新発債の利子（クーポン）が上昇または下落する。
3. 既発債の利回りが、新発債の利回りと同水準になるまで、既発債の価格が変化する。

利回りは信用リスクで決まる

異なる発行体間利回りの差は、 おもに、 発行体の信用リスクの大きさに応じて決まります。 例えば、 一般的に企業は政府よりも信用リスクが高いため、 社債は、 国債の利回りを基準にして、それにプラスした利回りとなります。 この信用リスクを表したものが、 格付け会社が設定する「格付け」 です。

格付け	信用リスク	利回り
高い	低い	低い
低い	高い	高い

2%で、利子（クーポン）が2%、額面金額100万円の既発債が、100万円で取り引きされているとします。このとき、将来の金利の予測が上昇して3%になったとすると、次の新発債（額面100万円）の利子は、3%が設定されます。すると、利子2%の既発債を100万円で買う人はいなくなるため、既発債の市場価格は、利回り3%になる水準まで下落します。

利回りは「保有期間中の利益／投資額」です。分母の投資額（市場価格）が下がれば、利回りが上がるのです。

22

不動産

不動産投資

家賃収入

売却益

安定収益が見込める「不動産投資」

家賃収入は、入居者がいる限り安定して得られるのが魅力です。ただし、入居者に継続して入居してもらうためには、物件選びや管理などに工夫が必要となります。

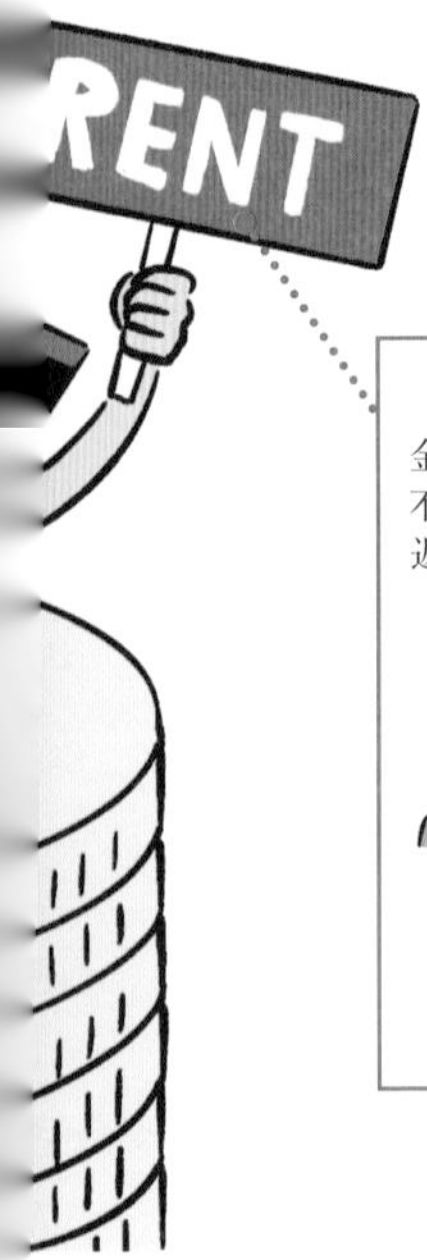

家賃収入（インカムゲイン）

金融機関から融資を受けて不動産を購入し、その不動産を賃貸して得られる家賃収入により、融資を返済していくのが一般的な不動産投資です。

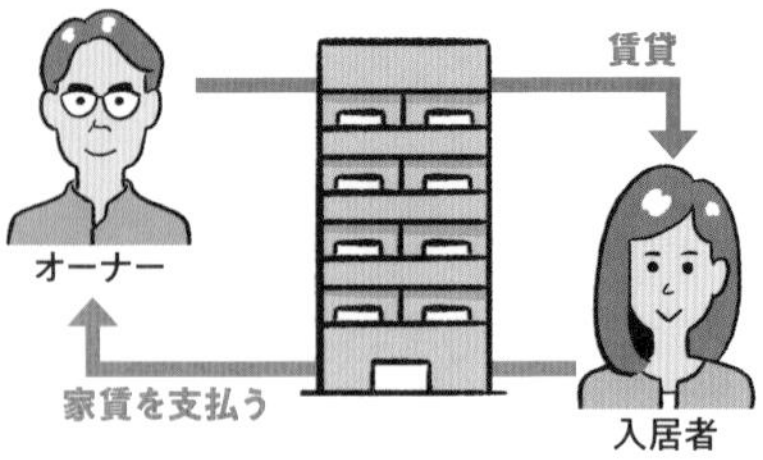

<3つの視点>

安全性	流動性	収益性
△	×	○

不動産投資とは、土地や建物などの不動産を投資対象として購入し、人に賃貸するなどの方法で投資収益を得ようとする行為です。不動産投資のおもな目的は2つあり、1つは不動産を賃貸して、賃貸収入を得ることです。簡単にいえば「大家業」で収入を得ます。もう1つは、不動産価格が値上がりして売買差益を得ることです。

POINT

不動産投資のリスク

不動産投資では、物件を購入する際にローンを組むことがほとんどです。そのため、ローンを支払い続ける資金がないと、返済が困難になる場合もあります。また、入居者が見つからない、家賃滞納、災害の影響を受けやすい、修繕費がかかるなどのリスクがあることも知っておきましょう。

SELL

売却益(キャピタルゲイン)

不動産価格が上昇している都市部などでは、購入時よりも高い価格で売却して、売却益が得られることもあります。

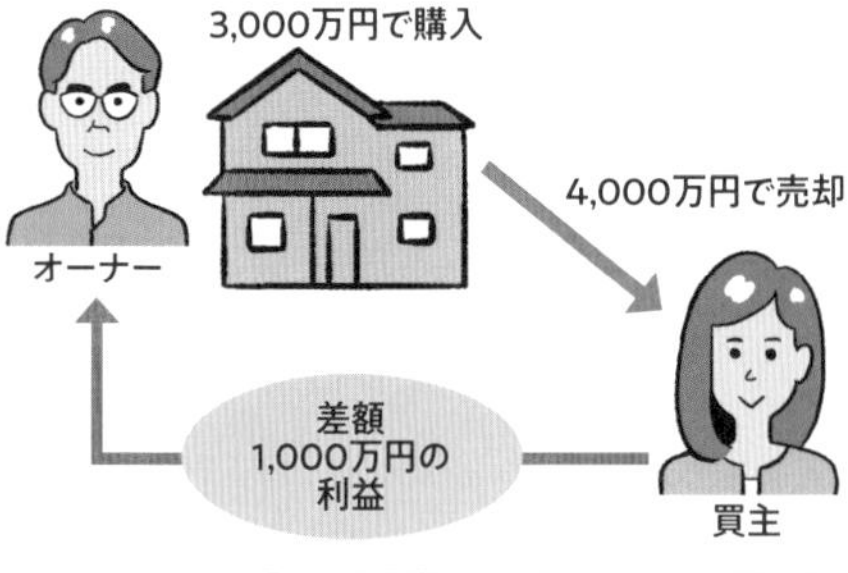

3,000万円で購入
4,000万円で売却
オーナー
差額 1,000万円の利益
買主

金融商品への投資と比較した場合、不動産投資の特徴は3つあります。

①投資金額の単位が大きい

1単位当たりの投資金額は、最低でも数百万円、高ければ億円単位になります。

②手持ち資金よりも大きい資産に投資できる

不動産自体が融資担保になるため、手持ち資金よりも大きい金額の資産に投資ができます。

③事業性が高い

「大家業」というビジネスを営む面が大きく、事業性が高いのも特徴です。

深掘り！

Finance

不動産投資のもうひとつの方法「REIT」ってなに？

J-REIT

J-REITの仕組み

J-REITは、多くの投資家から資金を集め、その資金で運用会社がオフィスビルやマンション、商業施設などの不動産を複数購入し、そこから得られた賃貸収入や売却益を投資家に分配する仕組みです。

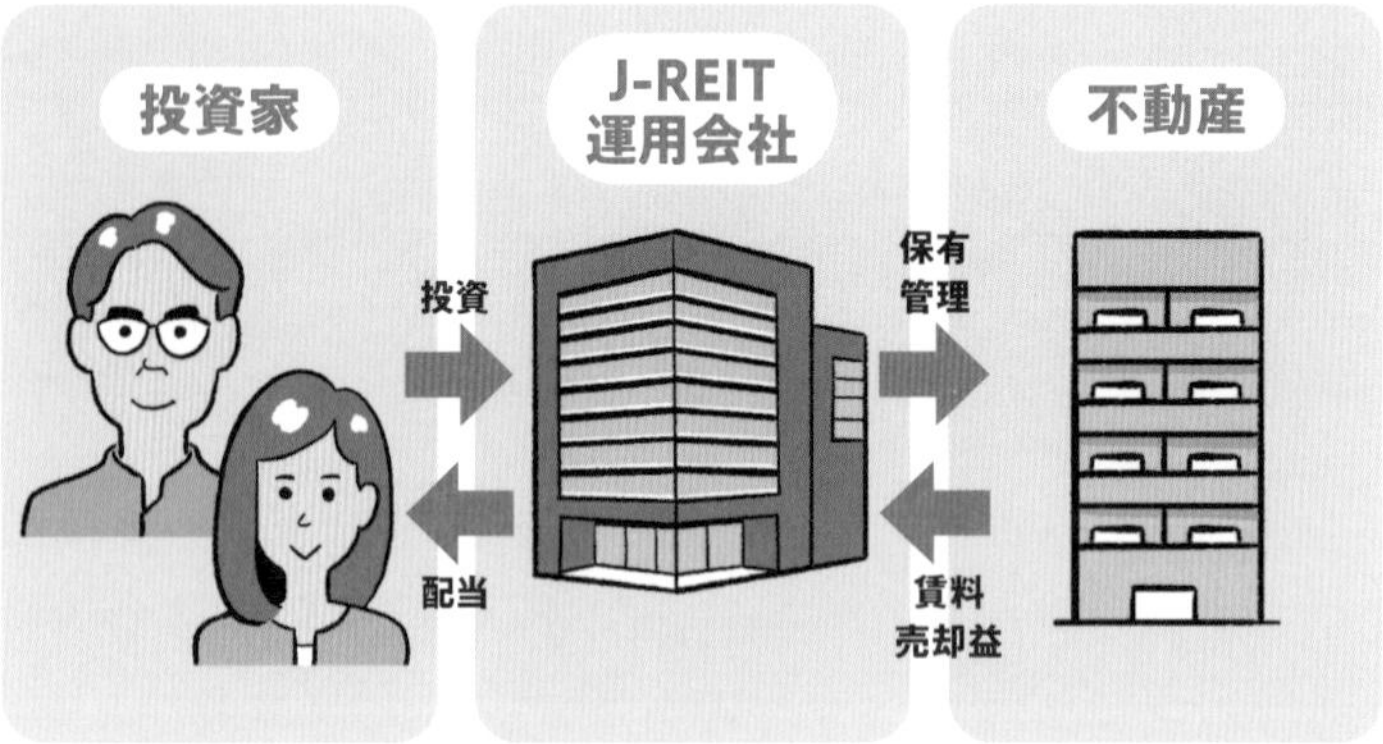

投資家
J-REIT
運用会社
不動産
投資
配当
保有
管理
賃料
売却益

通常の不動産投資は、投資金額の単位が大きくなるため、だれでも手軽に投資をすることはできません。そこで、**不動産を証券化という手法により小口化して、一般の人でも広く投資できるようにする方法が生まれました。**それがREITです。

REITは、「Real Estate Investment Trust」の略で、日本語に訳せば「不動産投資信託」となります。REITの仕組みは、多数の投資家から資金を集め、運用会社がオフィスビルやマンションなど不動産を複数購入

REITの種類

REITは、大きく分けると、単一用途特化型REITと、複数用途型REITの2種類あります。単一用途特化型REITはある特定用途の不動産の1つに投資するREITです。複数用途型REITは、2つの対象に投資するものを「複合型REIT」、3つ以上の対象に投資するものを「総合型REIT」といいます。

単一用途特化型REIT

- オフィスビル特化型
- ホテル特化型
- 住居特化型
- 商業施設特化型
- 物流施設特化型

複数用途型REIT

- 複合型REIT
- 総合型REIT

現物不動産投資 vs REIT　5番勝負

不動産に直接投資する現物不動産投資とREITには、それぞれ一長一短があります。最大の違いは投資金額で、数万円から不動産に投資できることは、REITの最大のメリットでしょう。

	実物不動産投資	REIT
投資金額	LOSE	WIN
流動性	LOSE	WIN
管理の手間	LOSE	WIN
担保力	WIN	WIN
価格変動の大きさ	WIN	LOSE

し、そこから得られた賃貸収入から、ＲＥＩＴ運営会社の必要経費などを差し引いた金額を投資家に分配するというものです。

　ＲＥＩＴは投資信託の一種ですが、株式と同様に証券市場に上場されているＲＥＩＴは、正式には「J-REIT」と呼びます。

　銘柄にもよりますが、1単位数万円程度から購入できます。株式と同様に、キャピタルゲインを狙って売買することもできますし、保有を続けて分配金を受け取り続けることも可能です。

23

投資信託

投資信託

運用管理者

ファンド

投資信託は詰め合わせ商品

投資信託は、さまざまな会社の株式や債券などを詰め合わせた金融商品です。複数の銘柄に投資できます。

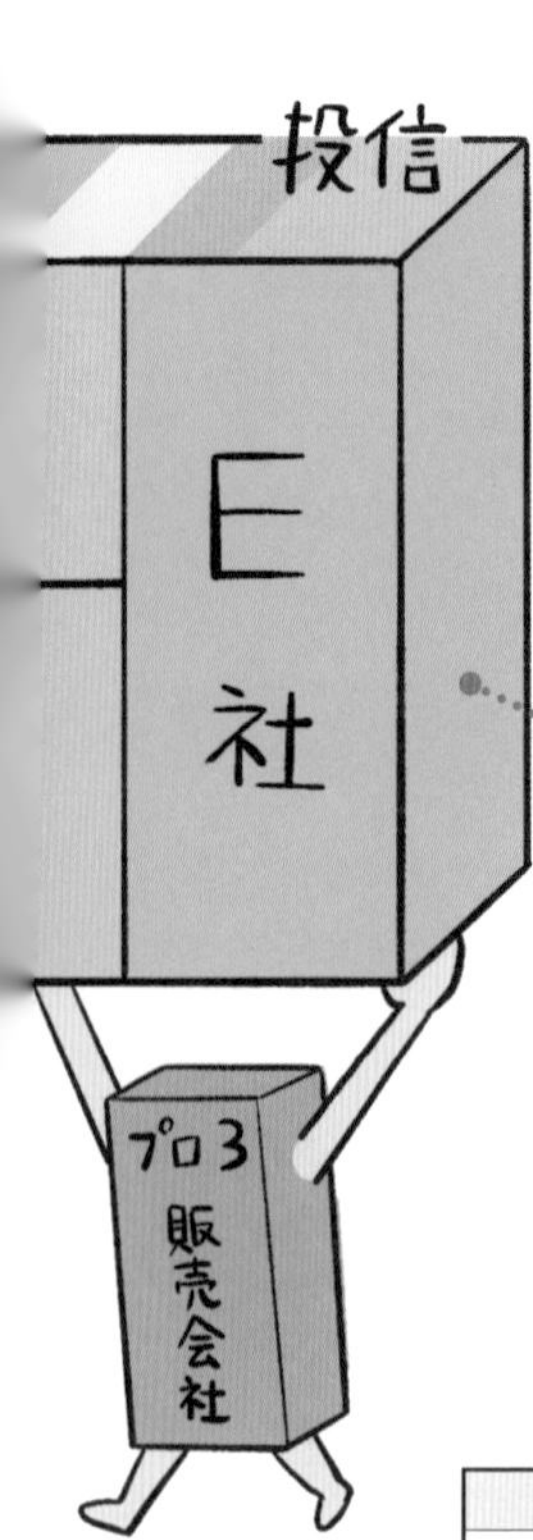

少額から手軽に投資可能

一般的な株式だと1銘柄を買うのに、数万円から数十万の投資資金が必要となりますが、投資信託なら100円から購入可能です。

<3つの視点>

安全性	流動性	収益性
△~◎	○	○~◎

投資信託（ファンド）とは、多数の投資家から資金を集め、その資金を専門家が投資運用し、得られた利益を、投資割合に応じて投資家に分配する金融商品のことです。つまり、投資信託自体は投資資金と、投資対象資産を入れておく「箱」のようなものだといえます。

投資信託が投資対象にできるのは、国内外の株

個人で投資しにくい対象にも投資できる

投資信託のなかには、海外不動産や、新興国株式などを投資対象とするものもあります。こういった対象に、個人が直接投資をするのは非常に大変ですが、投資信託を利用すれば手軽に投資できます。

プロが運用するから手間なし

投資信託は、投資のプロである運用会社が管理してくれます。そのため、運用、管理の手間が省けることがメリットです。

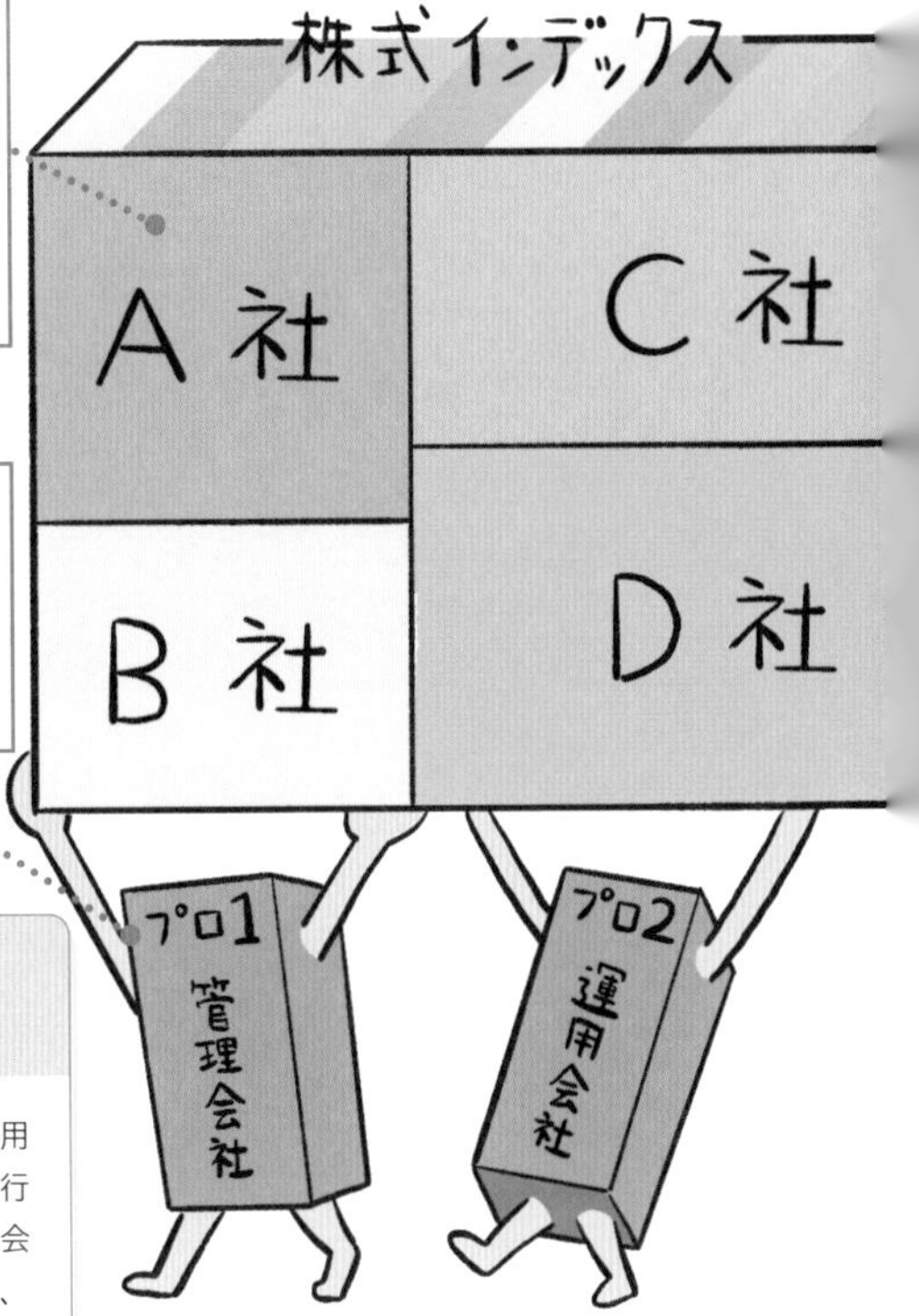

POINT

運用会社などが破綻しても資産は守られる

投資信託を設計・運用するのは、運用会社ですが、投資した資産は信託銀行が管理しています。よって、万一運用会社や証券会社などが経営破綻しても、投資信託の資産は守られます。

式、債券、不動産、REIT、コモディティ（ゴールドなど）などです。

それらの無数にある投資対象資産のうちから、なにを対象として、どのように組み合わせて入れるのか、また、どのように運用していくのかが、投資信託ごとに決まっています。これを投資信託の「運用方針」といいます。運用方針を決めるのが、運用管理者（ファンドマネージャー）です。各投資信託の投資対象、運用方針、手数料などは、投資信託の取扱説明書である「目論見書」に記載されています。

深掘り！ Finance

投資信託の特徴と得られる利益

基準価額　信託報酬

投資信託の商品分類

投資信託協会は、どんな内容の投資信託なのかをわかりやすくするため、5つの区分を設けています。これらの区分は、「目論見書」の表紙に必ず記載されています。

区　分	概　　要
購入できる時期による区分	・単位型:設定時点でしか購入できない ・追加型(オープン型):いつでも購入できる
投資対象地域による区分	国内／海外／内外
投資対象資産による区分	株式／債券／REIT／そのほか／資産複合
独立した区分	・MMF:マネー・マネージメント・ファンド ・MRF:マネー・リザーブ・ファンド ・ETF:証券取引所に上場しているもの
補足	・インデックス型:各種指数に連動して時価が変動するもの ・特殊型:特殊な仕組み・手法を用いるもの(デリバティブ型など)

投資信託の「信託」とは、財産（信託財産）の運用をほかの人に委託して、運用・管理をしてもらう仕組みのことです。投資信託では、信託財産の運用をおこなう人を「委託者」、管理する人を「受託者」、財産から得られた収益を受け取る人を「受益者」と呼びます。

投資信託においては、投資信託商品を設計・運用する運用会社が「委託者」になり、信託銀行が「受託者」になります。そして投資から得た収益を分配金等として受け取る投資家は、「受益者」です。

投資信託で得られる利益

投資信託で得られる利益は2通りあります。

値上がり益
（キャピタルゲイン）

基準価格が低いときに買って、高くなったときに売れば差額が利益になります。

分配金
（インカムゲイン）

投資から得られた収益を分配金として投資家に還元するものが分配金です。ただし、直接還元するのではなく、投資信託内部で再投資する場合もあります。

投資信託は運用コストがかかる

投資信託では、運用期間中は「信託報酬」と呼ばれる管理費用が一定割合（年率0.05～3%程度）で発生します。これは、投資信託の保有資産から毎日差し引かれます。また、投資信託によっては販売時に「販売手数料」、売却（解約）時に「信託財産留保額」といった費用が発生する場合もあります。

買うとき	販売手数料	■購入金額の数%
運用期間中	信託報酬	■純資産総額に対して年率0.05～3%
売るとき	信託財産留保額	■約定日の基準価額の0.2～0.3%

多くの場合投資家は、運用会社から直接投資信託を購入することはできず、間に販売会社（証券会社、銀行など）が入ります。

投資信託の売買単位は、株式とは異なり、「口」という単位を用います。また、**投資信託の価格のことは「基準価額」**といいます。基準価額は、投資対象資産の値動きに応じて変化し、1日1回公表されるのが、投資信託の特徴の1つです。投資信託は通常100円から購入できますが、基準価額は1万口単位の価格として表されます。

深掘り！ Finance

投資信託なのに株みたいに売買できる「ETF」

上場投資信託　信託報酬

ETF（国内上場）の特徴

ETFは一般的な投資信託とは違い、 上場しているので株式と同じように取引できるのが特徴です。

信用取引が可能

株式の取引と同様の売買ルールなので、信用取引もできます。

販売会社で扱う商品が同じ

取扱商品はいずれの販売会社でも同じです。

指値注文ができる

購入価格を指定する「指値」で注文できます。

リアルタイムで売買できる

市場の取引時間内であれば、リアルタイムで売買可能です。

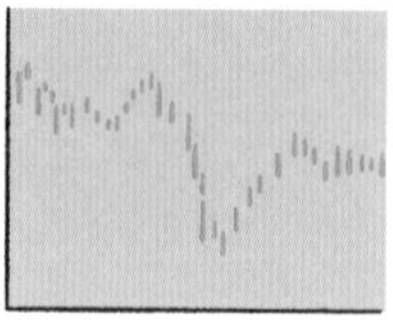

ETFとは「Exchange Traded Funds」の略です。取引所（Exchange）で、取引（Traded）される、投資信託（Fund）という意味で、日本語では「**上場投資信託**」といいます。

一般的な投資信託は、上場商品ではないため、

- 販売会社（証券会社や銀行）によって扱う商品が異なる
- 基準価額が1日1回しか計算されず、1日1回しか取引できない
- 自分で売買価格を指定する「指値注文」ができない
- 信用取引ができない

国内株式・投資信託・ETFの違い

ここでは、国内株式、投資信託、ETFの違いを見てみましょう。

	国内株式	投資信託	ETF(国内上場)
銘柄数	約4,000	約5,700(公募投資信託のみ。ETFを除く)	約300
日中の価格変動	あり	なし	あり
売買委託手数料	販売会社(証券会社等)による	なし	販売会社(証券会社等)による
信託報酬	なし	あり	あり。一般的な投資信託より低い。
購入できる場所	証券会社	証券会社、銀行など	証券会社
NISAへの対応	成長投資枠で購入可能(一部銘柄を除く)	金融庁によって指定された銘柄はつみたて投資枠で購入可能。その他の銘柄は成長投資枠で購入可能。(一部銘柄を除く)	金融庁によって指定された銘柄はつみたて投資枠で購入可能。その他の銘柄は成長投資枠で購入可能。(一部銘柄を除く)
メリット	自分で自由に銘柄を選定できる。保有期間中のコストがかからない。	100円からの低額で購入可能。個人では購入しにくい海外資産などにも投資可能。NISAに対応している。	投資信託であるにもかかわらず、株式と同様に証券取引所の取引時間中はいつでも売買できる。信託報酬などのコストが低い。
デメリット	銘柄を選定するのが難しい。最低購入金額が投資信託より高い。	信託報酬など、費用がかかる。基準価額算出が1日1回で、リアルタイムでの売買ができない。	最低購入金額が投資信託より高い。分配金は受け取り後しか再投資ができない。

などの制限があります。そこで、投資信託自体を上場商品として、株式などと同じように売買できるようにすることで、これらのデメリットを解消したのがETFというわけです。

それ以外にもETFのメリットとして一般的な投資信託よりも信託報酬などのコストが低く設定されていることがあります。

なお、ETFは、日経平均株価や、S&P500、REIT商品など、各種の指数に連動するインデックス型投資信託がメインです。

24
外貨預金

外貨預金

外貨

為替相場

金利

外貨預金とは

外貨預金とは、日本円を、ドルやユーロなどの外貨に交換して預金することをいいます。

<3つの視点>

安全性	流動性	収益性
△	◎	△

外貨預金とは、日本円を、ドルやユーロなどの外貨に交換して預金することです。実需（海外での生活やビジネス）のために外貨預金をする人もいますが、ここでは投資としての外貨預金を考えます。

投資としての外貨預金には、２つの目的があります。

１つ目の目的は、高い金利

金利を得る

海外の高金利を目当てに外貨預金をする場合もあります。金利の高さは、その国のインフレ率が高かったり、信用力（格付け）が低かったりすることもあり、そのような国にはデフォルトリスクがあるので、高金利でも注意が必要です。過去には、ギリシャ、ブラジル、アルゼンチンなどで経済危機、通貨危機が生じました。そうなると、その国の通貨価値が大幅に下がってしまいます。

通貨ごとの預金金利

国名	金利	国名	金利
米ドル（USD）	5.00%	カナダドル（CAD）	3.70%
ユーロ（EUR）	3.00%	中国元（CNY）	1.10%
英ポンド（GBP）	3.40%	南アフリカランド（ZAR）	6.10%
オーストラリアドル（AUD）	4.00%	メキシコペソ（MXN）	8.00%
ニュージーランドドル（NZD）	4.60%	トルコリラ（TRY）	12.00%

※大和証券、外貨定期預金預入期間1年、2024年5月7日現在

為替相場で利益を得る

為替相場で円高（外貨安）の時に外貨預金をはじめて、円安（外貨高）になったら解約して円に戻せば、為替差益が得られます。

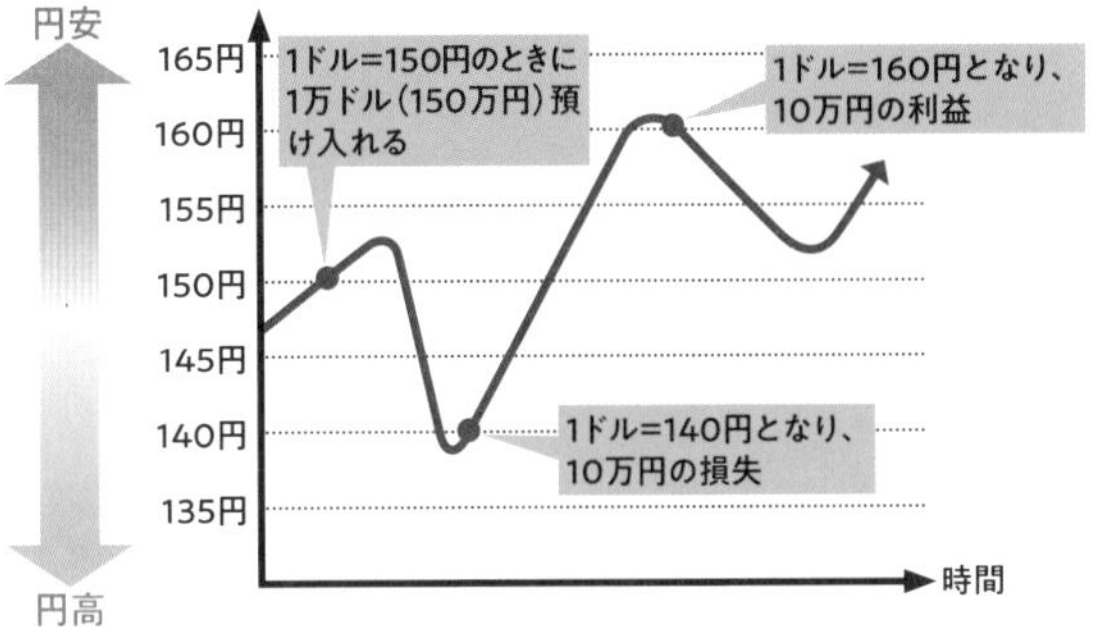

円安
円高
165円
160円
155円
150円
145円
140円
135円
1ドル=150円のときに1万ドル（150万円）預け入れる
1ドル=160円となり、10万円の利益
1ドル=140円となり、10万円の損失
時間

です。現在、1990年代後半からのデフレ経済以降、日本の預金金利は世界一低い水準となっています。金利が高い国の通貨に替えて預金すると、多くの利子を受け取ることができます。

2つ目の目的は、為替差益です。円高（外貨安）の時に外貨預金をして、円安（外貨高）の時に円に交換することで、為替差益を得ることができます。

高い金利を得ながら、為替差益が得られるチャンスを狙うというのが投資としての外貨預金の考え方です。

25

FX

FX

FXで利益を得る仕組み

FXで利益を得られる仕組みは、外貨預金と同じです。外貨が上がると予想したら「買い」、外貨が下がると予想したら「売り」にすればよいわけです。外貨の変動を予想して利益をねらいます。

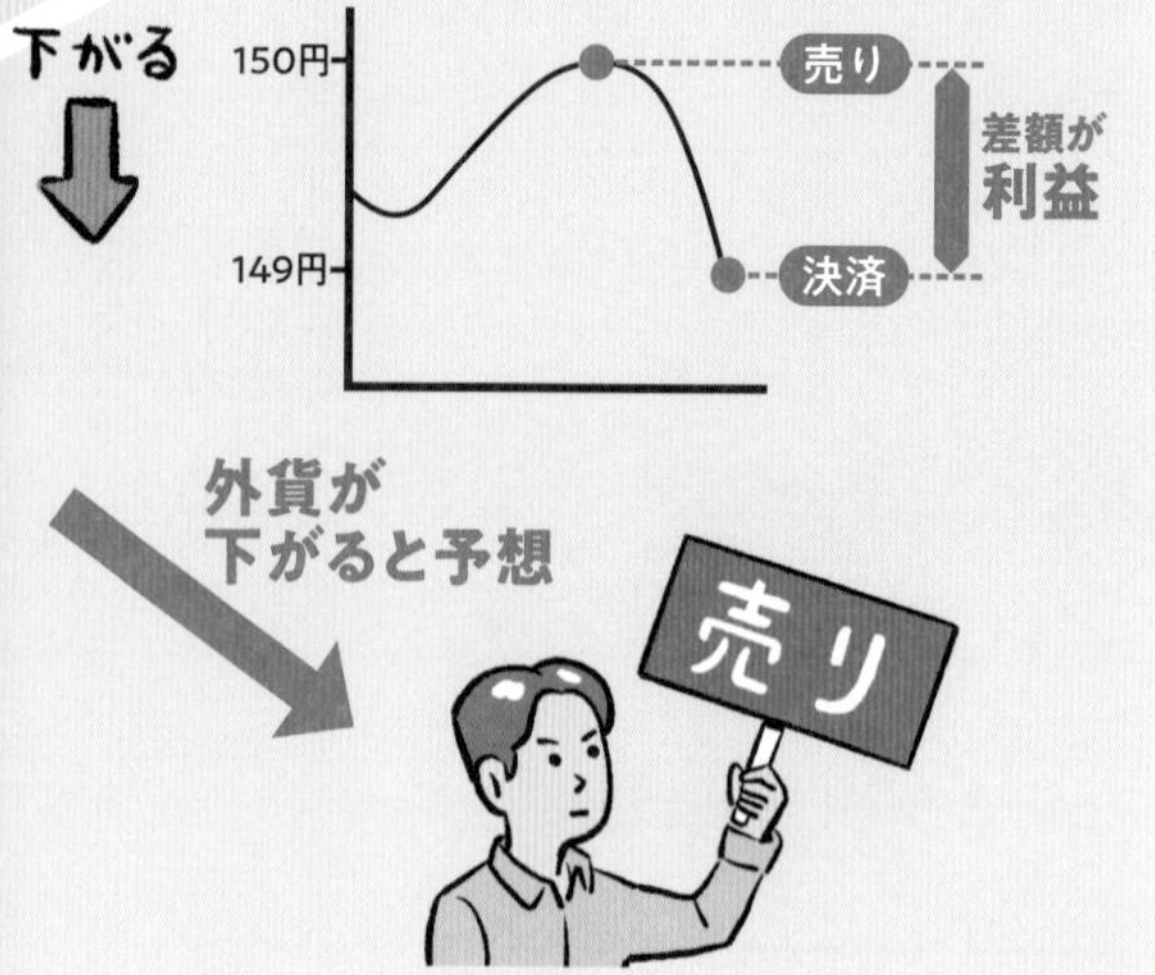

「外国為替証拠金取引」のことを、英語の「Foreign Exchange」（外国為替）を略して「FX取引」または、単に「FX」といいます。FXはその名のとおり、2国間の為替相場の値動きを利用して、売買差益を得ることをおもな目的とする取引のことです。

FXで利益が得られる仕組み自体は、外貨

証拠金取引

スワップポイント

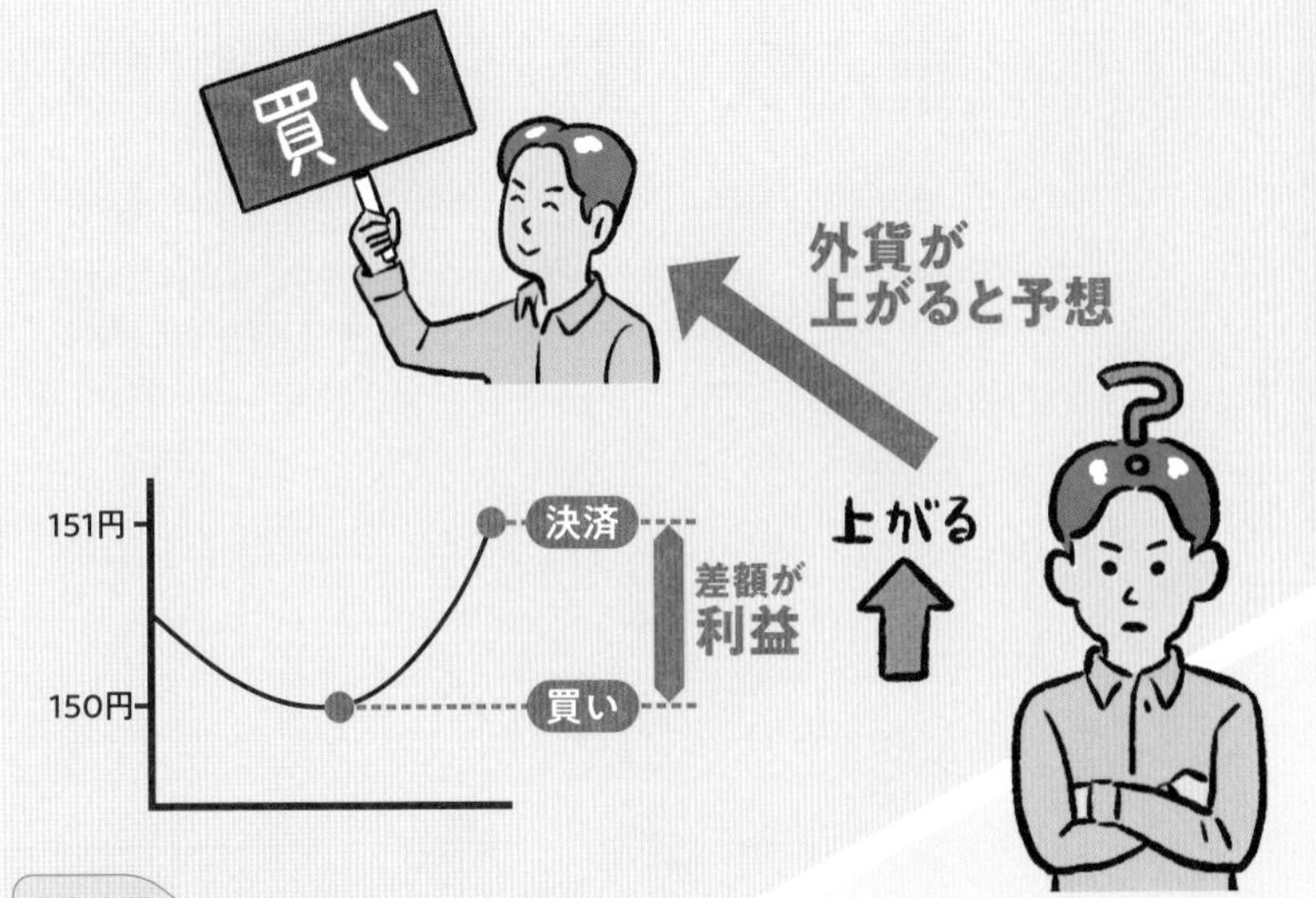

POINT

FXは投機の面が大きい

FXは、デイトレードや短期取引されることがほとんどであることや、売りから入り、その通貨の価値が下がることに賭けることもできるため、投機的取引で利用されます。

<3つの視点>

安全性	流動性	収益性
×	◎	±0

預金と似ています。ですが、外貨預金にはない特徴が複数あります。なかでも大きな特徴は、「**証拠金取引**」という値動きが大きくなる仕組みが採用されていることです。また、外貨の「買い建て」だけではなく、最初に売りから入る「**売り建て**」ができることもあげられます。そのほか、金利に似た「**スワップポイント**」という仕組みが設けられているのも特徴です。

FXは、投機的な側面が強く、必ずしも儲かるわけではないという点に十分注意してください。

深掘り！

Finance

FXのメリットとデメリット

レバレッジ　スワップポイント　強制ロスカット

FXの6つのメリット

1 最大25倍のレバレッジが掛けられる

最大25倍!

FXでは、最大で証拠金の25倍の取引が可能です。これを「レバレッジを掛ける」といいます。

2 どんな値動きでも利益をねらえる

FXは、買い建てるだけではなく、売り建てることもできるため、どんな値動きでも利益を得る機会が持てます。

3 数多くの通貨ペアを扱っている

USD/EUR
EUR/JPY

外貨預金では、「円と外貨」という組み合わせですが、FXの通貨ペアの組み合わせには、ドルとユーロ、ユーロと英ポンドなどもあります。

FXは、利益を得られる仕組みが外貨預金と似ていますが、デリバティブ取引であることから、外貨預金にはないメリット・デメリットがあります。

最大のメリットは、FX取引会社に預け入れた証拠金の**手持ち資金の最大25倍（個人での取引の場合）での取引ができること**です。これを「レバレッジ取引」といいます。例えば、証拠金が100万円あるとすると、最大2500万円分の外貨が買えるわけです。また、**買い建てからも売り建てからも取引できるのも**

FXのデメリット

●損失が大きくなると強制的に決済される

FXは証拠金の最大25倍までレバレッジが掛けられ、ハイリスクの取引が可能であることから、未決済の含み損失が一定割合以上生じると、それ以上損失が膨らまないように、建てているポジションが強制的に決済されることがあります。これを「強制ロスカット」といいます。

4

取引コストが低い

FXのコストはスプレッド（買値と売値の差）で、最低で0.2銭程度です。外貨預金にくらべ、取引コストが低いのもメリットです。

5

ほぼ24時間取引可能

外国為替市場は世界各国のビジネスタイムで順次開催されるため、FXはほぼ24時間リアルタイムで取引することができます。

6

スワップポイントが受け取れる

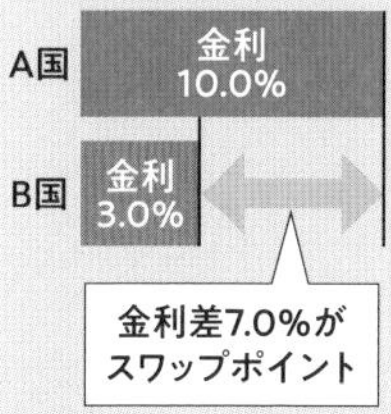

スワップポイントは、低金利通貨を売り、高金利通貨を買うことで得られる利益。為替レートの影響なしに、スワップポイントは日々発生します。

メリットです。そのほかのメリットに、スワップポイントがあります。スワップポイントとは、通貨ペアの組み合わせで、高金利通貨と低金利通貨の金利差から発生する、利子のようなものです。高金利通貨と低金利通貨の通貨ペアを買い建てると、毎日受け取ることができます。ただし、売り建てるとスワップポイントを支払う必要があります。

デメリットは、損失が大きくなると強制的に決済がおこなわれ、損失が確定することです。取引金額には注意しましょう。

26

デリバティブ

デリバティブ商品

原資産

先物取引

オプション取引

スワップ取引

原資産から派生した商品

デリバティブ（derivative）は、日本語で「派生的な」という意味で、元となる商品の「原資産（株式や債券、通貨など）」から派生した金融商品のことです。

POINT

機関投資家がデリバティブを活用する理由

デリバティブを利用する目的のひとつにヘッジがあります。ヘッジとは、原資産の価格変動による損失を限定することです。多くの原資産（株や債券）を保有する機関投資家は、このヘッジを目的にデリバティブを活用します。

<3つの視点>

安全性	流動性	収益性
×	◎	±0

デリバティブ商品とは、原資産となる金融商品やコモディティなどから派生した商品のことをいいます。デリバティブ商品には多くの種類がありますが、基本となるのは、「先物取引」、「オプション取引」、「スワップ取引」の3種類です。

先物取引は、「将来、なにをいくらで売買する」という約束を事前にする取引

先物取引とは

先物取引の本質は、価格と数量を決めた、将来の売買の契約です。ただし、実際には単なる売買の約束ではなく、証拠金取引であることと、差金決済であること、また先物市場において取引されるものであることなどが先物取引の定義となります。

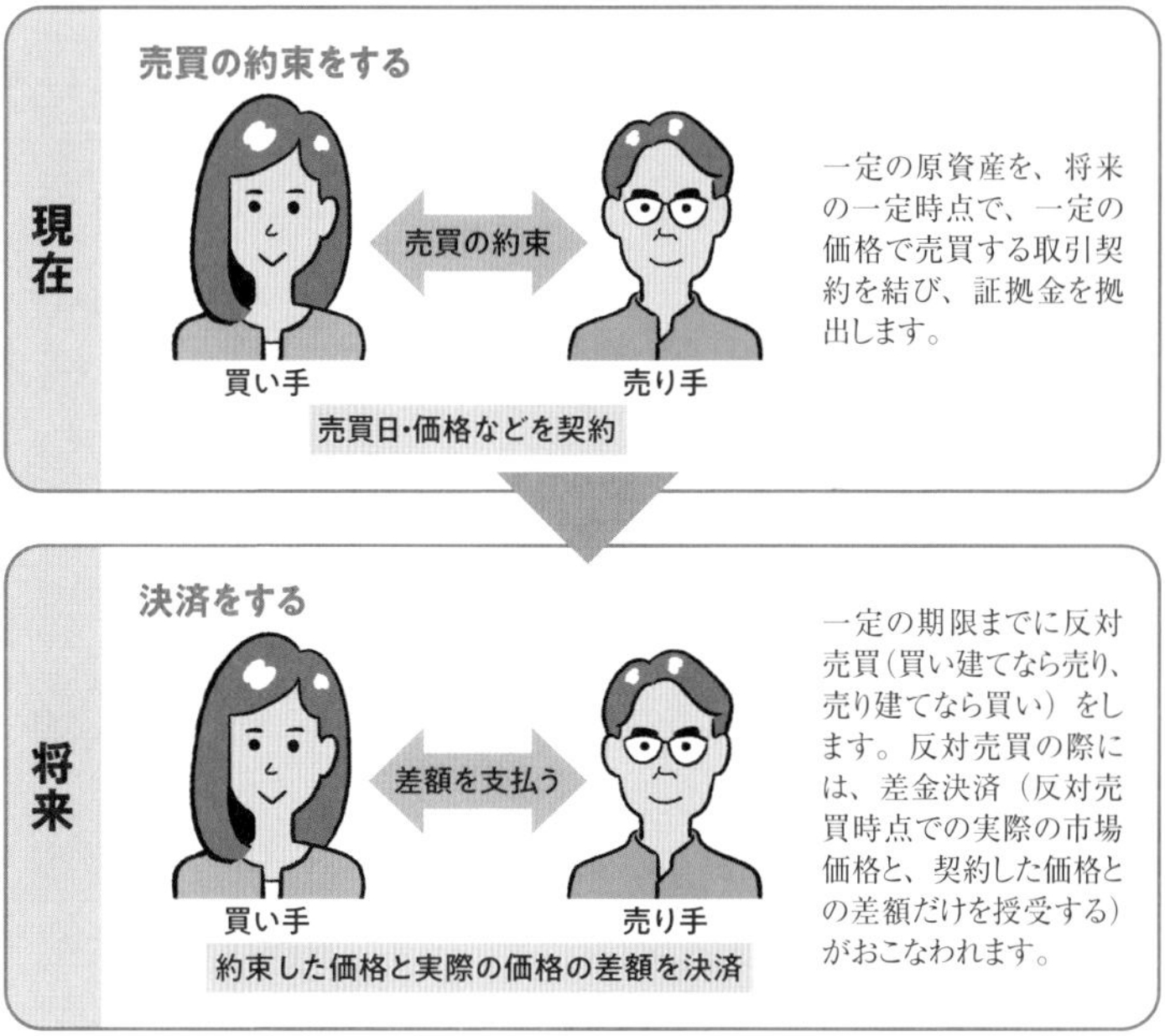
現在
売買の約束をする
売買の約束
買い手
売り手
売買日・価格などを契約
一定の原資産を、将来の一定時点で、一定の価格で売買する取引契約を結び、証拠金を拠出します。
将来
決済をする
差額を支払う
買い手
売り手
約束した価格と実際の価格の差額を決済
一定の期限までに反対売買（買い建てなら売り、売り建てなら買い）をします。反対売買の際には、差金決済（反対売買時点での実際の市場価格と、契約した価格との差額だけを授受する）がおこなわれます。

のことを指します。例えば、輸出企業は販売代金をドルで受け取るため、為替の変動によって円建ての収益が大きくぶれることがあります。そこで、将来の販売見込みにあわせて、将来、ドルをいくらで円に交換するかという約束をしておきます。すると、為替相場の変動にかかわらず、**約束をした時点で円建ての収益が確定します。**

先物取引では、証拠金と差金決済が用いられます。差金決済とは、約束した価格と実際の価格の差額だけをやりとりする方法です。

オプション取引

ある原資産を、将来の一定時点までに、一定価格で売る権利（プットオプション）、または買うことができる権利（コールオプション）をプレミアム（オプション料）で取引します。オプションはあくまで権利なので買い手は行使せずに放棄もできます。一方、売り手は権利を行使された場合は、拒否することはできません。

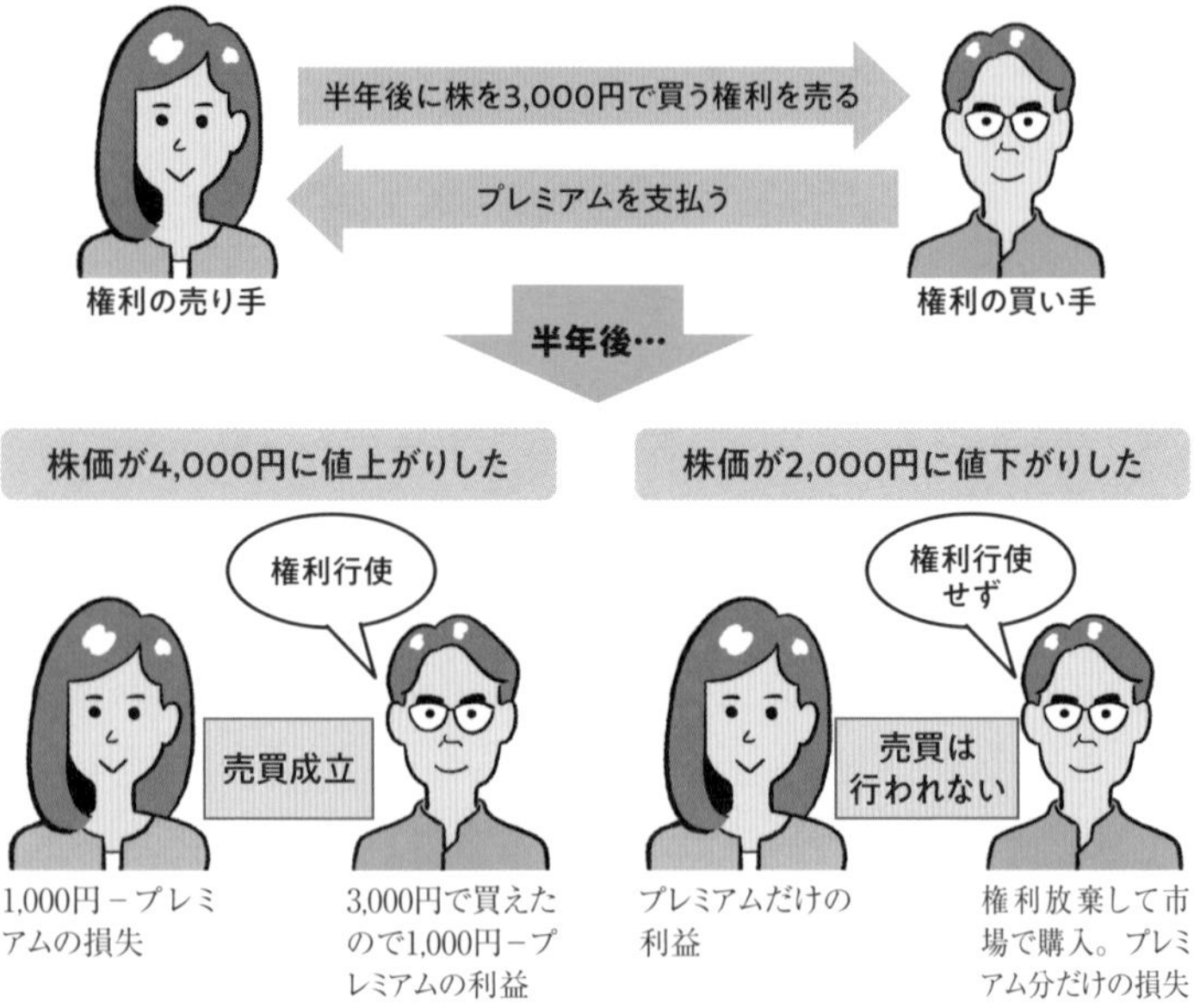

半年後に株を3,000円で買う権利を売る
プレミアムを支払う
権利の売り手
権利の買い手
半年後…
株価が4,000円に値上がりした
株価が2,000円に値下がりした
権利行使
売買成立
権利行使せず
売買は行われない
1,000円－プレミアムの損失
3,000円で買えたので1,000円－プレミアムの利益
プレミアムだけの利益
権利放棄して市場で購入。プレミアム分だけの損失

オプションとは、「選択権」という意味です。オプションにはコールオプション（買う権利）と、プットオプション（売る権利）があります。それぞれ、ある原資産を、将来の一定時点までに、一定価格で売るまたは買うことができる権利です。

オプションを買った人は、期限までに、原資産の価格が自分の有利になるように動けば、オプションを行使して原資産を買う、または売ることができます。また、原資産価格が自分の不利になれば、権利を放棄することができます。

スワップ取引

スワップとは交換という意味です。 例えば、 金利スワップでは固定金利と変動金利の交換がおこなわれます。 先物市場やオプション市場は、 個人投資家でも参加できますが、 個人投資家が参加できる金利スワップ市場はありません。

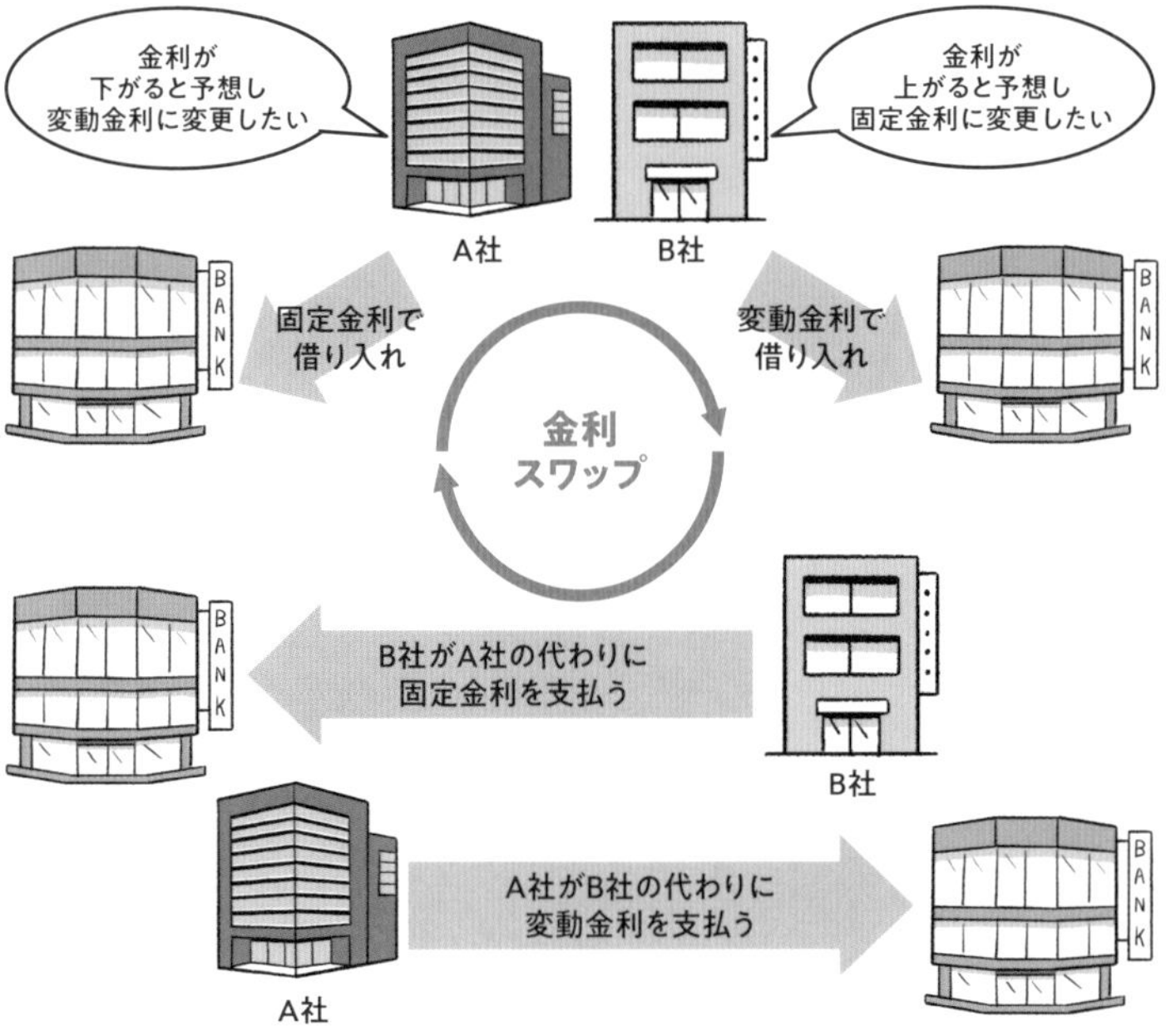

金利が
下がると予想し
変動金利に変更したい
金利が
上がると予想し
固定金利に変更したい
A社
B社
BANK
固定金利で
借り入れ
変動金利で
借り入れ
BANK
金利
スワップ
BANK
B社がA社の代わりに
固定金利を支払う
B社
A社がB社の代わりに
変動金利を支払う
BANK
A社

放棄すると、オプションの購入価格（プレミアム）は戻ってきません。

一方、オプションを売った人は、買い手からオプションの行使を要求されるとそれを拒否することはできません。その代わりプレミアムを受け取れます。

スワップとは「交換」という意味です。例えば、通貨を交換する「通貨スワップ」、金利を交換する「金利スワップ」などがあります。金利スワップでは、固定金利と変動金利の交換がよく用いられています。

27

コモディティ

コモディティ投資

国際的な資源

ヘッジ

デリバティブ市場

貴金属やエネルギー商品

コモディティとは、国際的に広い需要がある貴金属、エネルギー商品、農産物などが対象となります。

デリバティブ市場で取引される

コモディティは一部を除き、一般個人や一般企業が直接投資することは困難です。通常は、先物市場やオプション市場などのデリバティブで取引します。

POINT

収益性は0だが分散投資に活用される

コモディティは、それ自体が新たな価値を創造するわけではないため、収益性は0です。ただし、株式市場と相関が低いため、資産全体の値動きを抑えるために、一部を投資する意味はあります。

<3つの視点（先物）>

安全性	流動性	収益性
×	◎	±0

コモディティとは「商品」という意味です。コモディティには、金（ゴールド）、銀、プラチナなどの貴金属、小麦や大豆などの農産物、原油や天然ガスなどのエネルギー商品といった「国際的な資源」と呼ばれる商品が該当します。

これらは、世界中で需要があり膨大な量が取引されている上に、価格変動が激しいも

先物市場で取引できる代表的な商品一覧

コモディティ投資で取引できる商品には次のようなものがあります。

品目	
貴金属	金
	プラチナ
	銀
	パラジウム
エネルギー	原油
	ガソリン・灯油
農産物	とうもろこし
	大豆
ゴム	ゴム

のです。そのため、生産者や商社などが価格のヘッジをするために、先物やオプションなどのデリバティブが発達しています。

コモディティ自体は価値を生んで成長するものではありません。しかし、値動きが株式市場と相関が低いため、分散投資の対象としてコモディティ投資が活用されています。また、コモディティは、現物資産であるため、インフレに強いのもメリットです。なお、ゴールドなどの貴金属の場合は、現物資産として保有する方法もあります。

28

暗号資産

暗号資産（仮想通貨）

暗号資産　資金決済法　法定通貨

暗号資産の定義

暗号資産は「ネット上でやりとりできる財産的価値」です。日本銀行は次の3つの性質を持つものと定義しています。

定義❶
法定通貨と相互に交換できるもの

暗号通貨で支払いをできるECサイトは増えています。また、暗号資産交換業者の口座で、いつでも日本円と暗号資産を交換できます。

<3つの視点>

安全性	流動性	収益性
×	◎	±0

暗号資産は、インターネット上で取引され、中央銀行などの公的な発行主体を持たない分散的なシステムにより生成される資産です。代表的な暗号資産には、ビットコイン、イーサリアム、リップルなどがあります。日本では「資金決済法」という法律で定義されています。

日本銀行によれば、同法条文における暗号資産の定義は、

定義❷
電子的に記録され移転できるもの

暗号資産は、ウォレット（財布）と呼ばれるシステムに記録されます。また、インターネットを介して、他人のウォレットに移転できます。

定義❸
法定通貨または法定通貨建ての資産ではないもの

暗号資産は、日本の法定通貨（国家によって認められた強制通用力を持つ通貨）ではありません。また、いわゆる電子マネーのように、法定通貨建ての資産でもありません。

POINT

暗号資産の歴史

最初の暗号資産であるビットコインは、2008年に、Satoshi Nakamotoという匿名人物がインターネット上に発表した論文に基づいてつくられました。最初のビットコインのブロックが採掘（マイニング）されたのは2009年です。

(1)不特定の者に対して、代金の支払い等に使用でき、かつ、法定通貨（日本円や米国ドル等）と相互に交換できるもの
(2)電子的に記録され、移転できるもの
(3)法定通貨または法定通貨建ての資産（プリペイドカード等）ではないもの

だと説明されています。

いわゆる「電子マネー」も電子的に記録されているものですが、日本円という法定通貨建てであることによって、暗号資産と区別されます。

深掘り！

Finance

暗号資産でどうやって利益を得る？

〈ステーキング報酬〉〈レンディング〉〈エアドロップ〉

ステーキング報酬

暗号資産を保有する人に対して、ブロックチェーンの安定稼働に貢献したことの対価として、報酬を受け取れる仕組み。

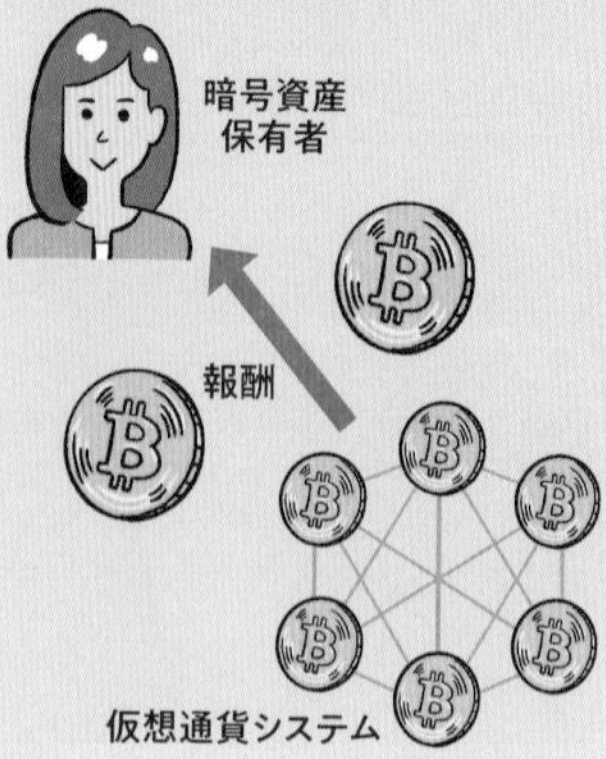
暗号資産
保有者
報酬
仮想通貨システム

売買差益（キャピタルゲイン）

安いときに買い、高くなったら売って差益を狙う。

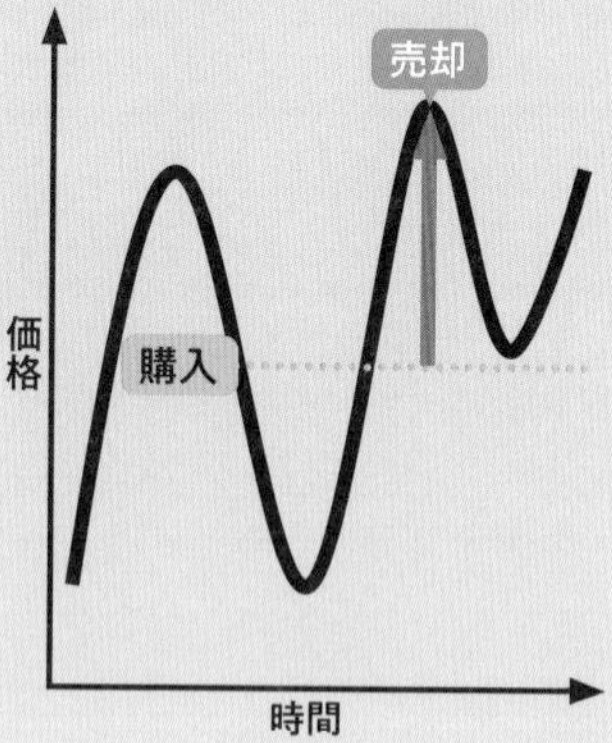
売却
価格
購入
時間

暗号資産はただの電子データであり、新たな価値を創出するわけではありません。しかし、暗号資産の取引市場において、日々価格が変動しているため、**売買差益（キャピタルゲイン）**を求める投機の対象にされています。これが暗号資産で利益を得る1つ目の方法です。

また、暗号資産の銘柄によってはインカムゲインのような利益が得られる場合もあります。その1つが**ステーキング報酬**で、これはブロックチェーンの安定稼働に貢献したことの対価として、

POINT

暗号資産の利益は業者によって異なる

ステーキング報酬、レンディング、エアドロップは、いずれもすべての暗号資産、すべての暗号資産交換業者が対応しているものではないので注意してください。

エアドロップ

暗号資産交換業者や発行者が、イベントなどで定められた条件を満たしたユーザーに暗号資産やトークン（token）を無償配布すること。

レンディング

暗号資産を保有している人が、暗号資産交換業者を通じて、第三者に暗号資産を貸して、賃貸料を得る。

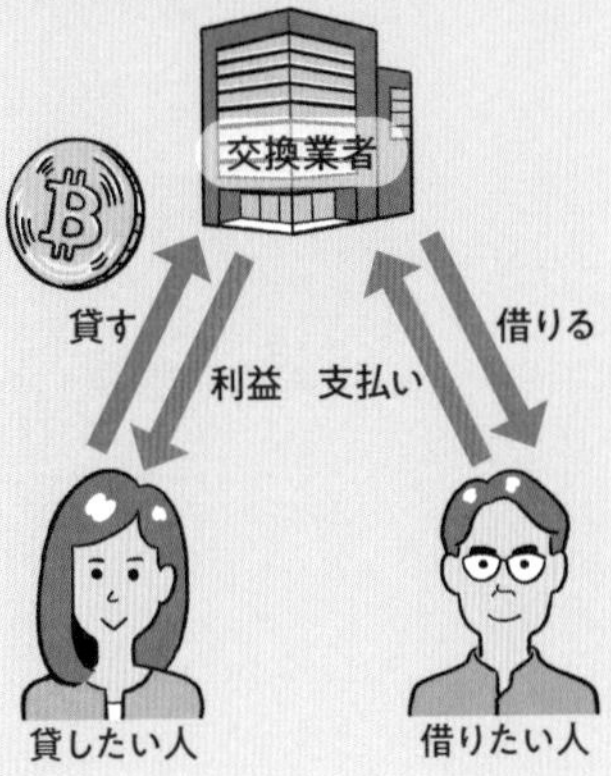

その暗号資産を受け取れます。

　そのほか、**レンディング**という仕組みもあります。これは、保有している暗号資産を、暗号資産交換業者を通じて第三者に貸し、賃貸料を得られる仕組みです。貸すだけで利益が得られるという魅力があります。

　さらに、**エアドロップ**というものもあります。これは、取引所や通貨の発行者がイベント参加等の一定の条件を達成した人に暗号資産やトークン（既存のブロックチェーン上でつくられる通貨）などが与えられるものです。

深掘り！

Finance

暗号資産を支える3つの技術

ピアツーピア・ネットワーク　ブロックチェーン　公開鍵暗号

●ピアツーピア・ネットワーク

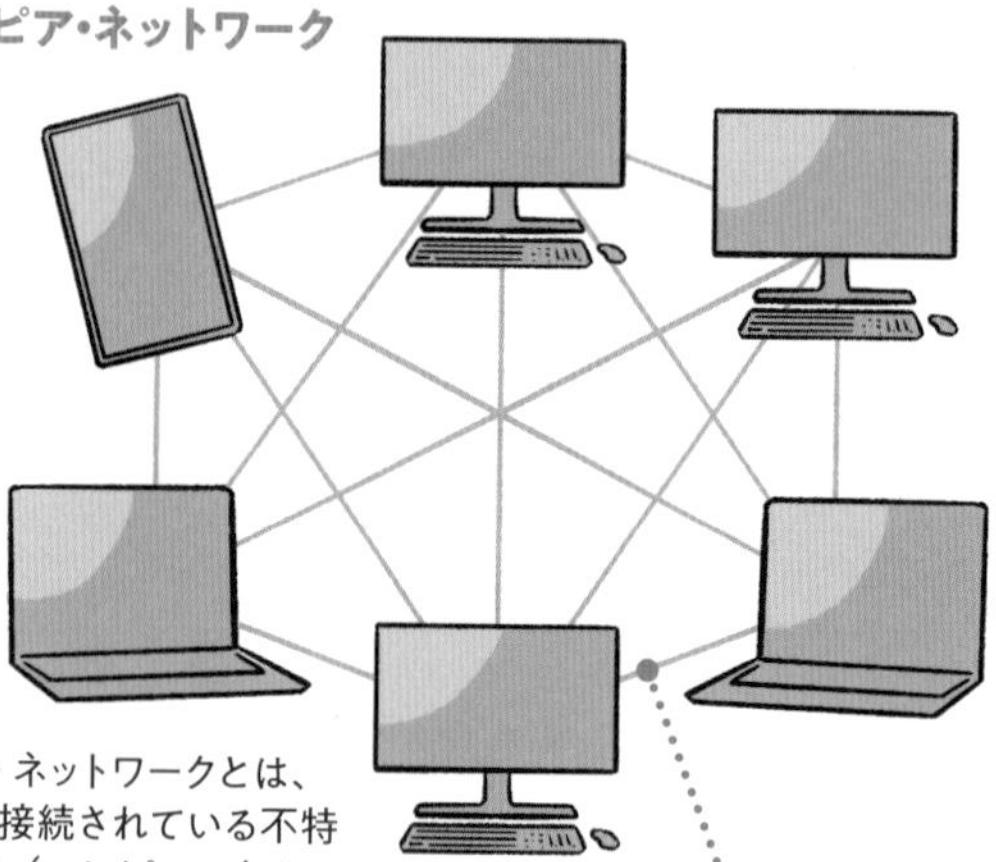

ピアツーピア・ネットワークとは、ネットワークに接続されている不特定多数の端末（コンピュータやスマホなど）が、サーバと呼ばれる中心的なコンピュータを介することなく、直接データをやりとりできる仕組みのことです。

サーバを介することなく直接データをやりとりする

暗号資産の採掘や流通を支えているのは、ピアツーピア・ネットワーク、ブロックチェーン、公開鍵暗号の3つのコンピュータネットワーク技術です。

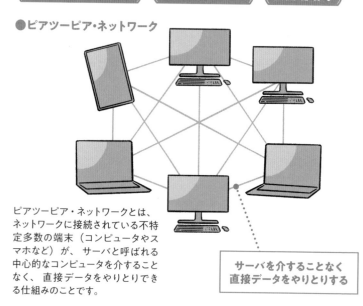

ピアツーピア・ネットワークとは、ネットワークに接続されている不特定多数の端末が、サーバと呼ばれる中心的なコンピュータを介することなく、直接データをやりとりできる仕組みのことです。この仕組みによりデータの分散処理が可能となりました。

分散型ネットワークを前提として、ブロックチェーンが

●ブロックチェーン

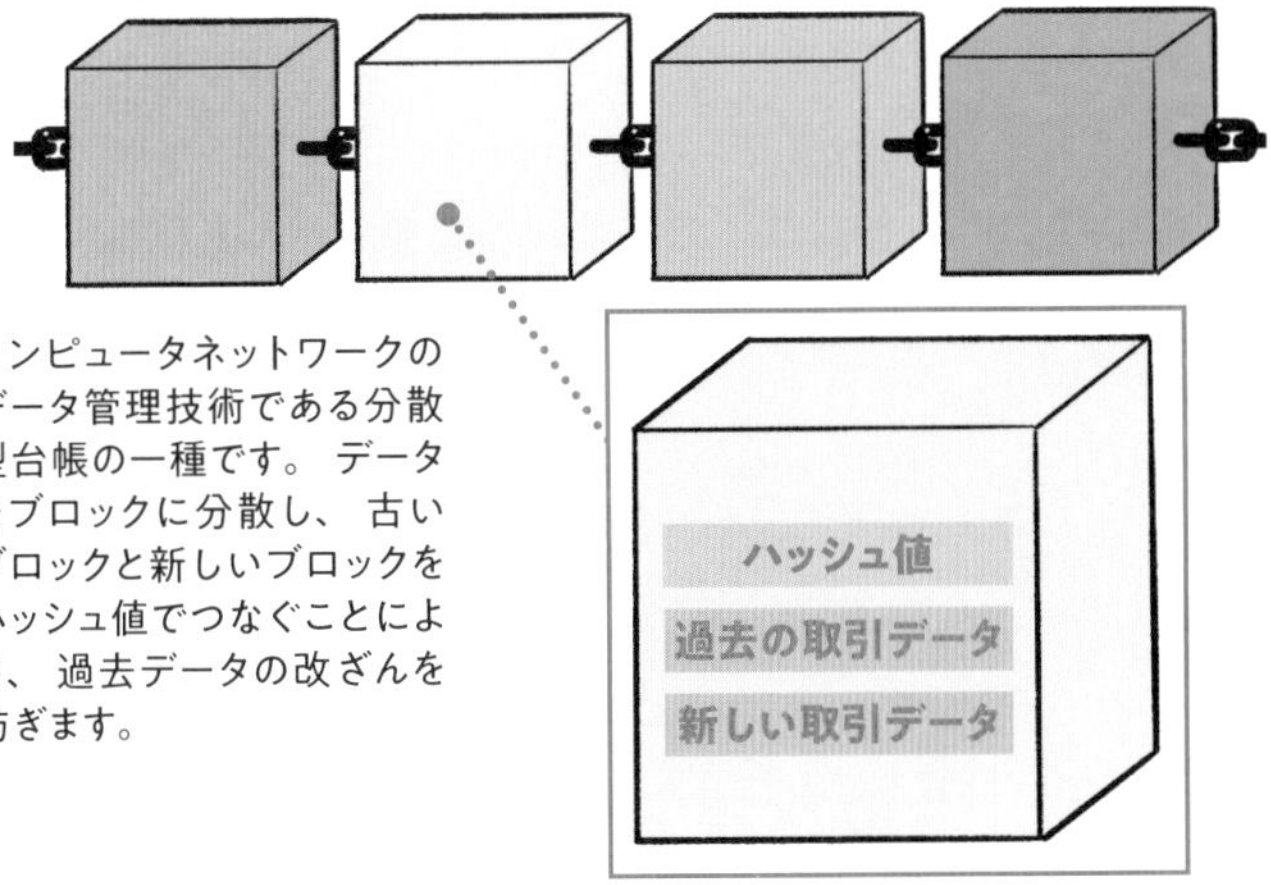
ハッシュ値
過去の取引データ
新しい取引データ

コンピュータネットワークのデータ管理技術である分散型台帳の一種です。データをブロックに分散し、古いブロックと新しいブロックをハッシュ値でつなぐことにより、過去データの改ざんを防ぎます。

●公開鍵暗号

暗号化と復号化に用いる鍵をセットで生成し、暗号化の鍵を公開状態にして、復号化の鍵を生成した側だけが秘密鍵として保持します。

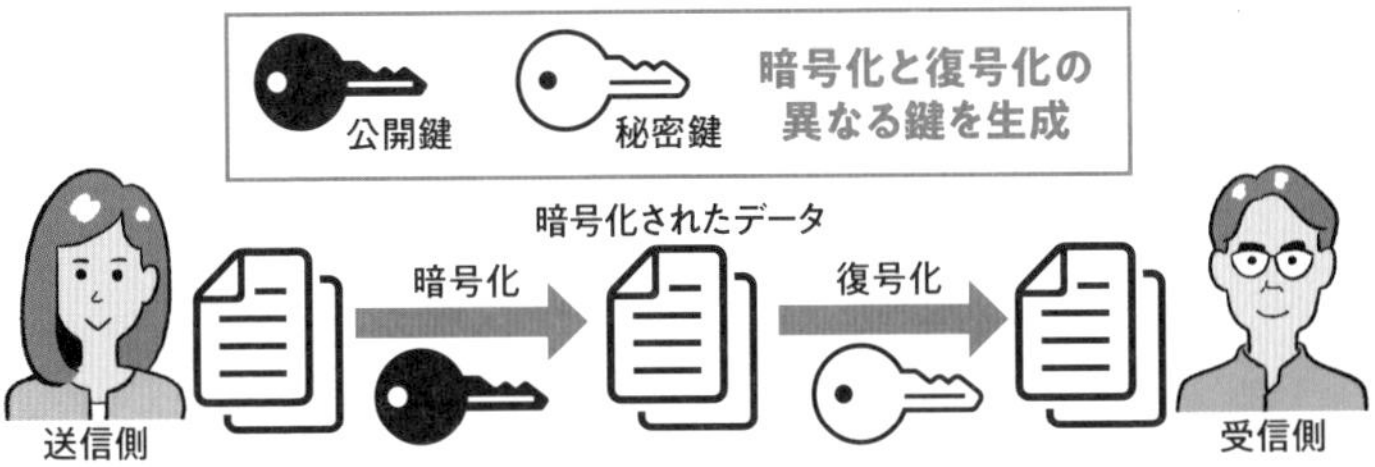
公開鍵
秘密鍵
暗号化と復号化の
異なる鍵を生成
暗号化されたデータ
暗号化
復号化
送信側
受信側

生まれます。これは、取引をネットワークに分散させて記録する分散型台帳方式の一種で、ブロック化されて分散する台帳がハッシュ関数によってリンクされることにより改ざんが防止される技術です。

次に、ピアツーピア・ネットワークでデータをやりとりする際に、悪意の第三者からデータを読み取られることがない暗号化技術の発展です。あわせて、公開鍵暗号方式という暗号方式で用いられる電子署名により、そのデータの所有者の特定をしています。

29

オルタナティブ

機関投資家や富裕層向け「オルタナティブ投資」とは？

機関投資家

リスク分散

伝統的な投資以外がオルタナティブ投資

オルタナティブとは「他の」という意味です。投資の世界では、株と債券などが伝統的な投資とされ、その他の投資はオルタナティブと分類されます。

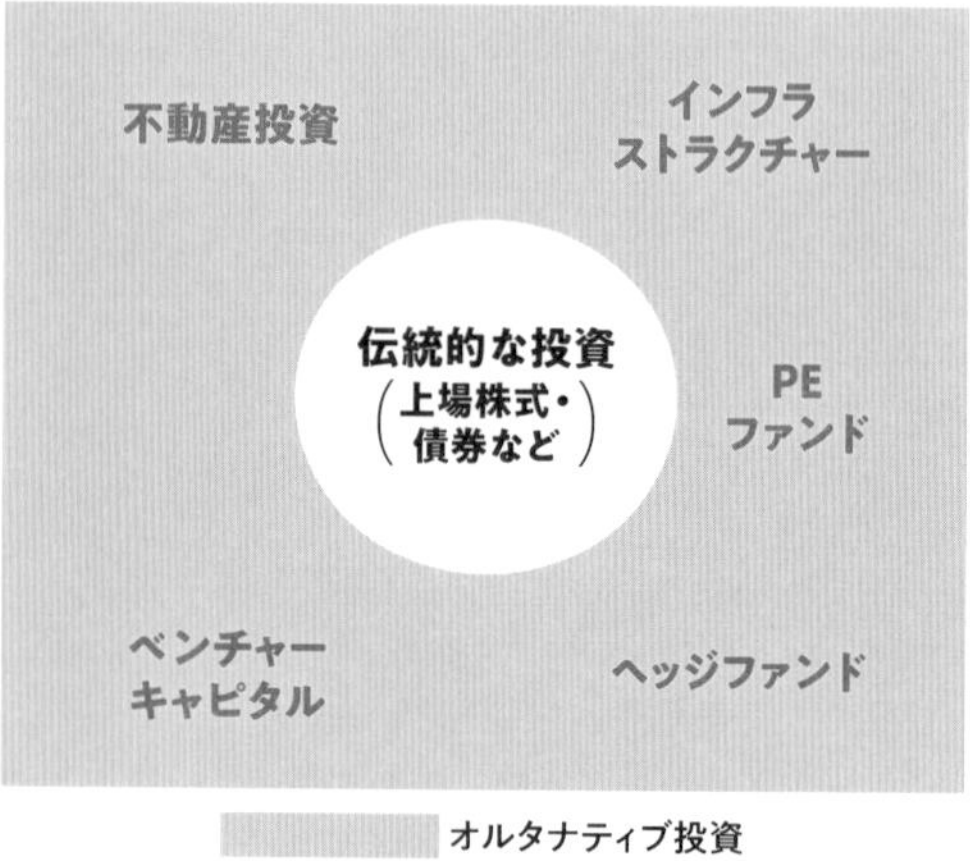

不動産投資
インフラストラクチャー
伝統的な投資
（上場株式・債券など）
PE
ファンド
ベンチャーキャピタル
ヘッジファンド
オルタナティブ投資

<3つの視点>

安全性	流動性	収益性
×	×	◎

オルタナティブ投資は、おもに機関投資家が用いる用語です。オルタナティブには、「ほかの選択肢」という意味があり、機関投資家の間で、**伝統に投資対象とされてきた株式と債券以外を対象とする投資**のことをいいます。株式と債券以外なので、不動産投資やコモディティ投資も、オルタナティブ投資の一種です。それ以外には、P

オルタナティブ投資の例

投資商品	概要	方法
PEファンド	株式市場に上場していない未公開株を購入する。その企業がIPO（株式公開）することで利益を得るか、他の企業などへの転売で利益を得る。	おもに機関投資家や富裕層向け。個人が投資する方法には、株式型クラウドファンディングがある。
ベンチャーキャピタル（VC）	創業期の企業に出資する。PEファンドよりも初期の段階での投資になる。利益構造はPEファンドとほぼ同じ。	おもに機関投資家や富裕層向け。個人が投資する方法には、株式型クラウドファンディングがある。
インフラストラクチャー	再生可能エネルギーの発電施設や空港、港湾といったインフラに投資をおこなう。そこから得られる、長期で安定した賃料などが利益となる。	おもに機関投資家向け。投資期間が10年以上になることも多い。
不動産	融資を受けて、アパート、マンション、戸建て住宅、オフィスなどの不動産を購入して貸し出して、賃料収入から利益を得る。証券化して小口化した不動産投資商品（REITなど）もある。	投資用不動産は数多く販売されているので、情報は得やすい。投資金額が最低数百万円からになるので、資金的な敷居が高い。
ヘッジファンド	公募ではなく私募により資金を集め、市場の動向にかかわらず、絶対収益を狙うファンド。	機関投資家や富裕層を対象としている。通常は、1億円以上の投資額となる。

Eファンド（未公開株）、ベンチャーキャピタル、インフラストラクチャー、ヘッジファンドなど、多くの種類があります。

これらのオルタナティブ投資の対象は、株や債券とは異なるリスク・リターンの特性を持ち、異なる値動きをします。そのため、株や債券とオルタナティブ投資を組み合わせることで、リスク分散に役立つのがメリットです。また、長期的なインカムゲインを狙う目的で、オルタナティブ投資がおこなわれる場合もあります。

30

NISA

国が支援する資産づくりの制度「NISA」

少額投資非課税制度

非課税

NISAには2枠ある

NISAには、「つみたて投資枠」と「成長投資枠」の2つの枠が用意されており、投資できる商品や投資上限額が異なります。

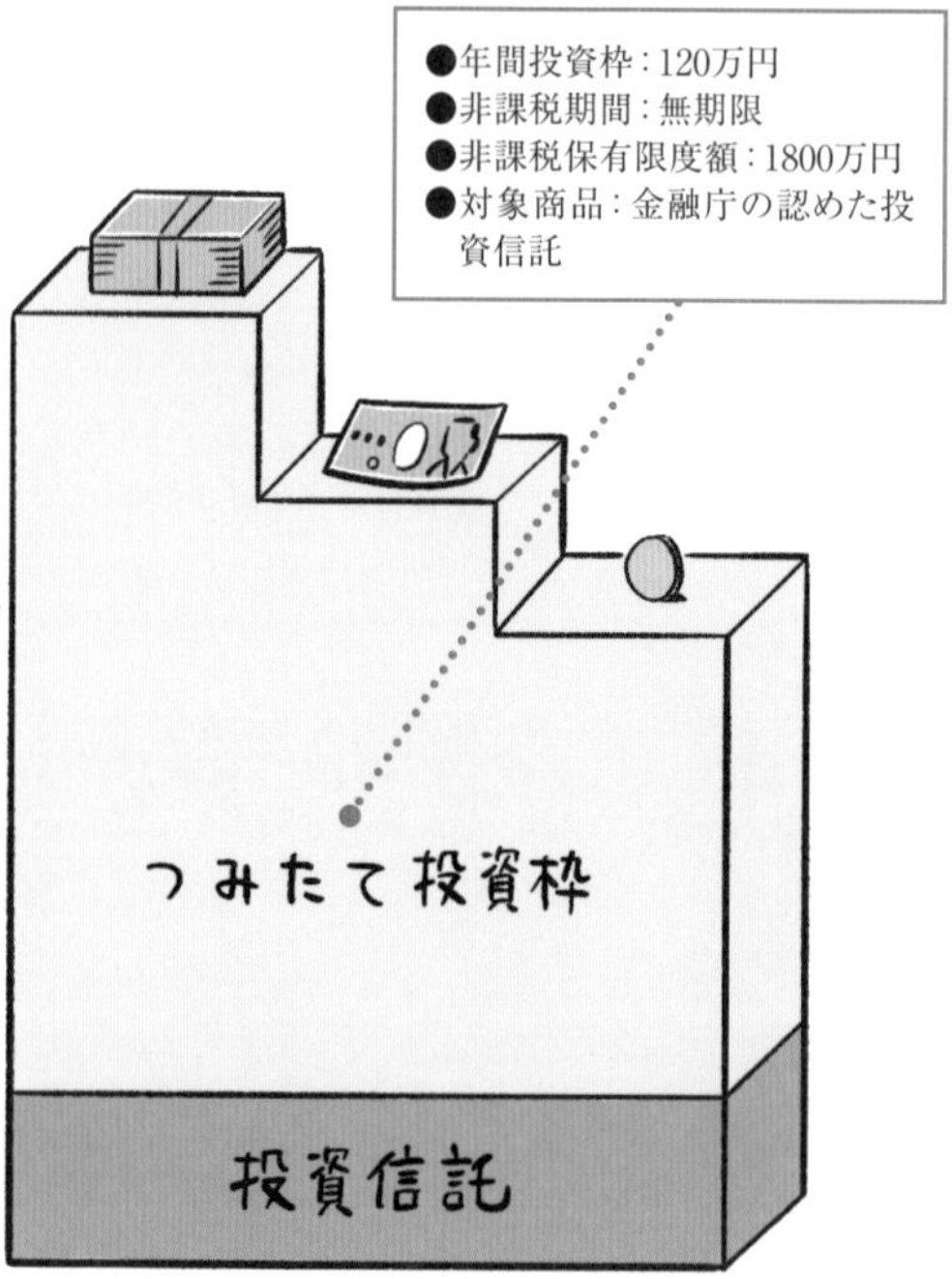

●年間投資枠：120万円
●非課税期間：無期限
●非課税保有限度額：1800万円
●対象商品：金融庁の認めた投資信託
つみたて投資枠
投資信託

NISAは、正式には「少額投資非課税制度」といいます。イギリスのISA（Individual Savings Account）を参考に導入され、「NIPPON」の頭文字を加えてNISAと名付けられました。

NISA以外の一般の証券口座では、株式や投資信託の売買で利益が出ると、利益に対して20・315％が課税されます。また配当金や分配

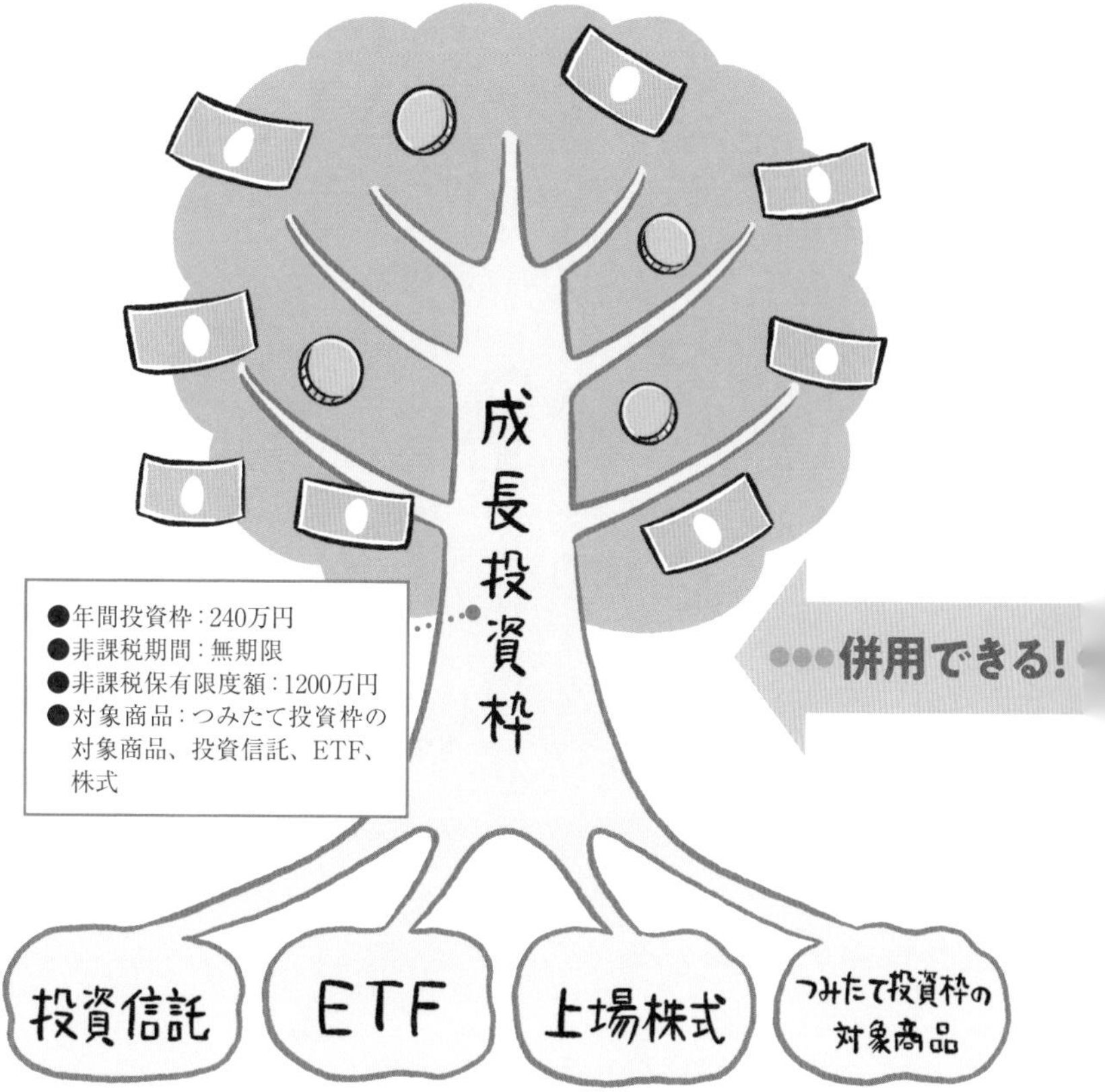
成長投資枠
●年間投資枠：240万円
●非課税期間：無期限
●非課税保有限度額：1200万円
●対象商品：つみたて投資枠の対象商品、投資信託、ETF、株式
併用できる！
投資信託
ETF
上場株式
つみたて投資枠の対象商品

※つみたて投資枠と成長投資枠を併用した場合の非課税保有限度額は1800万円になります。

金にも同様に課税されます。しかし、NISA口座では、これらがすべて非課税になるのが最大の特徴です。

NISA制度は2014年から存在しましたが、2024年に制度が大きく拡充され、通称「新NISA」になりました。

制度拡充となるおもな変更点としては、NISA口座で投資できる金額の上限が上がり、また以前のNISA口座では、最大20年間しか非課税で保有できなかったものが、一生涯保有可能になりました。

31

iDeCo

自分でつくる私的年金「iDeCo」

私的年金

個人型確定拠出年金

自分でつくる年金

iDeCoの毎月の掛金・上限は働き方により異なります（月5,000～6万8,000円）。なお、iDeCoの受け取りは、60歳以降に一時金または年金のどちらか、もしくは両方を選べます。60歳になるまでは、解約や引き出しなどをすることはできません。

現在、日本の年金制度は、国民全員が加入する「国民年金」、会社員などが加入する「厚生年金」、さらに個人や企業が任意で加入する「私的年金」の3階建てになっています。ただし、個人事業主は2階部分にあたる厚生年金加入義務がありません。そのため、国民年金のみとなり、将来受け取る年金受給額が少なくなるという問題がありま

運用商品は自分で決める

iDeCoで運用できる商品には、投資信託、定期預金、保険などがあります。投資信託には、国内外の株式や債券など、さまざまなタイプが用意されています。

おもな運用商品のリスクとリターンの大きさ

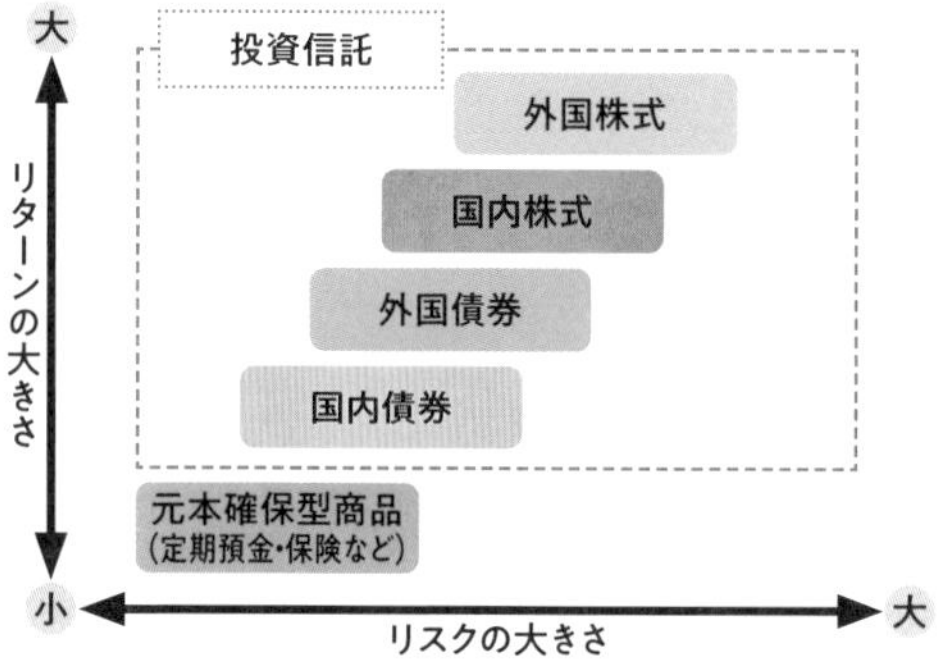

大
リターンの大きさ
小
投資信託
外国株式
国内株式
外国債券
国内債券
元本確保型商品
（定期預金・保険など）
リスクの大きさ
大

POINT

iDeCoのほかにも私的年金はある

年金制度の3階部分にあたる私的年金は、iDeCoのほかに、「企業型DC（企業型確定拠出年金）」「DB（確定給付企業年金）」などがあります。

3つのタイミングで節税優遇がある

iDeCoは3つのタイミングで優遇措置が講じられています。拠出時には、支払った掛金全額がその年の所得控除の対象となります。運用時は、運用益が非課税になります。受取時には、一時金として受け取る場合は退職所得控除、年金として受け取る場合は公的年金等控除の対象となります。

タイミング1 拠出時	タイミング2 運用時	タイミング3 受取時
所得控除が受けられる	運用益は非課税	控除の対象となる

した。そこで、個人事業主の人たちが加入できる、3階部分の私的年金の一種として設けられたのが「iDeCo」です（現在では、会社員も一部iDeCoに加入できます）。

iDeCoの正式名称は、「個人型確定拠出年金」といいます。確定拠出年金は、年金資産の運用方法を加入者が自分で選ぶところが最大の特徴です。運用結果によって、将来受け取れる額が変わります。受取額は不確定で、掛金の支払い（拠出）額だけが決まっているので、確定拠出と呼ばれます。

COLUMN 3

オールスター銘柄と呼ばれる「マグニフィセント・セブン」とはどんなもの？

今、投資の世界で「マグニフィセント・セブン」（The Magnificent Seven）といえば、以前は「GAFAM」と呼ばれていた「アルファベット（Google）」、「アップル」、「メタ・プラットフォームズ（facebook）」、「アマゾン・ドット・コム」、「マイクロソフト」の5社に、「テスラ」、「エヌビディア」の2社が加わった、世界でトップクラスのテクノロジー企業7社を指す言葉です。2023年以降、米国株式市場上昇の牽引役として注目されています。

アメリカ株式市場に上場されている代表的な企業500社から構成される株価指数「S&P500」の時価総額全体のうち、マグニフィセント・セブンの7社だけで約3割を占めています。また、2023年以降のS&P500指数の上昇率の7割は、この7社の上昇によってもたらされたものであることから、その影響力の大きさがわかります（2024年3月現在）。

なお、「マグニフィセント・セブン（The Magnificent Seven）」という言葉は、直訳すれば「雄大な7人」という意味ですが、もともとは「荒野の七人」という邦題で大ヒットした西部劇映画のタイトルです。

Chapter

4

金融の現状とこれから

お金や金融業界は、
新たに登場した金融技術などによって
日々進化し続けています。
ここでは、最新動向やその将来を解説します。

32

金融の未来

金融の未来はどうなる？

フィンテック

金融のデジタル化が進行する

金融のデジタル化により、さまざまな便利なサービスが登場します。お金の管理は、スマホやクラウドでおこなうことが当たり前になるでしょう。

買い物は顔認証で支払い
ネット証券・スマホ証券が主流に

ファイナンス（Finance）とテクノロジー（Technology）を組み合わせて生まれた言葉が、**フィンテック**（**FinTech**）です。フィンテックの発展により、金融サービスと情報技術を結びつけたさまざまな動きが進み、金融の世界を変革しています。

今までは、銀行や証券会社などの店舗に赴き、金融取引をおこなうことが一般的でし

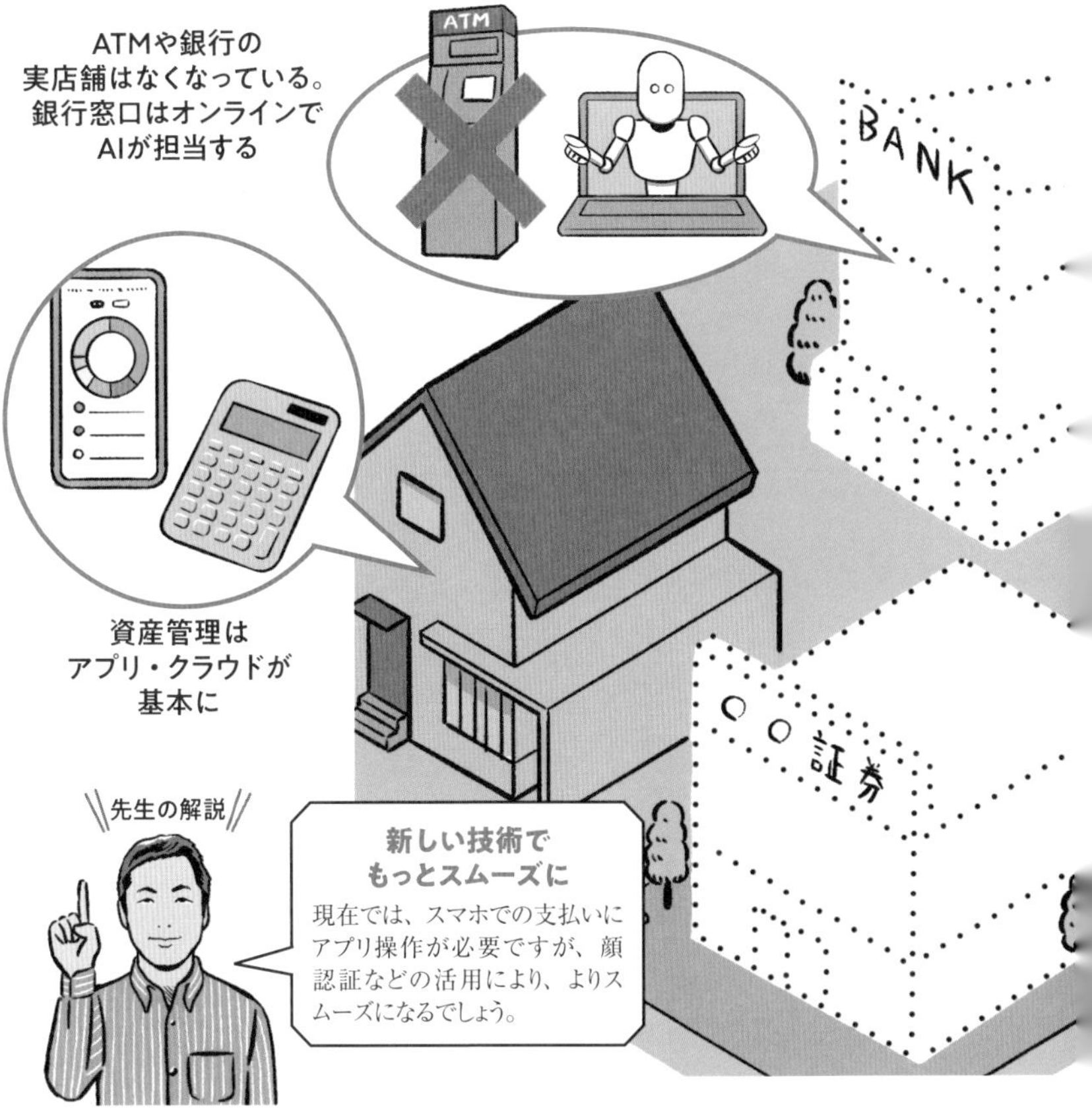
ATMや銀行の
実店舗はなくなっている。
銀行窓口はオンラインで
AIが担当する
ATM
BANK
資産管理は
アプリ・クラウドが
基本に
○○証券
先生の解説
新しい技術で
もっとスムーズに
現在では、スマホでの支払いにアプリ操作が必要ですが、顔認証などの活用により、よりスムーズになるでしょう。

た。しかし今後は、インターネットや、スマートフォンなどのオンラインでの取引のみに集約されていくことが予想されます。また、毎日・毎月など定期的におこなう振込などはすべて自動化され、利用者にとってより使い勝手のよいサービスとなるはずです。

社会に必要なお金を循環させ、産業や暮らしを支えるという金融の役割は、今後もなくなることはありません。しかし、フィンテックやデジタル化の進行により、その姿は大きく変わっていくでしょう。

深掘り！
Finance

お金の現状と未来

紙幣　貨幣　CBDC

お金の変遷

現在は紙幣と貨幣、電子マネーが主流ですが、お金のデジタル化により、将来的には個人とお金がデータで紐付けられるでしょう。

日本では、２０２４年７月から、新しい紙幣（一万円札、五千円札、千円札）が登場する予定です。紙幣の刷新はこれまでもたびたびおこなわれてきましたが、今回発行される新一万円札は「最後の高額紙幣になるのではないか」という説があります。

世界的にも、**高額紙幣は利用されなくなってきています。**例えば、アメリカでは最高紙幣である１００ドル札を普段の生活で使うことは、ほぼありません。

紙幣や貨幣の発行や管理にはコストがかかります。また、

クラウド・アプリで資産を管理

フィンテックの発展により、クラウドやアプリでお金を管理できるサービスが多数登場しています。

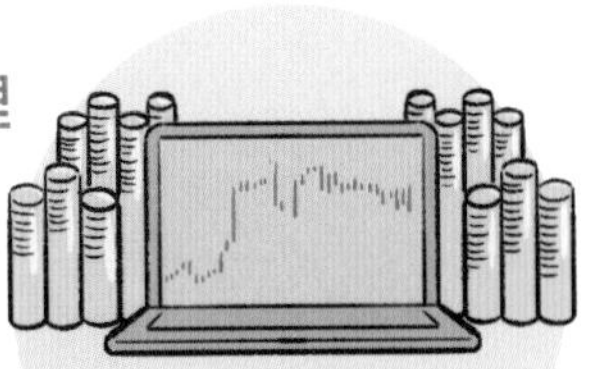

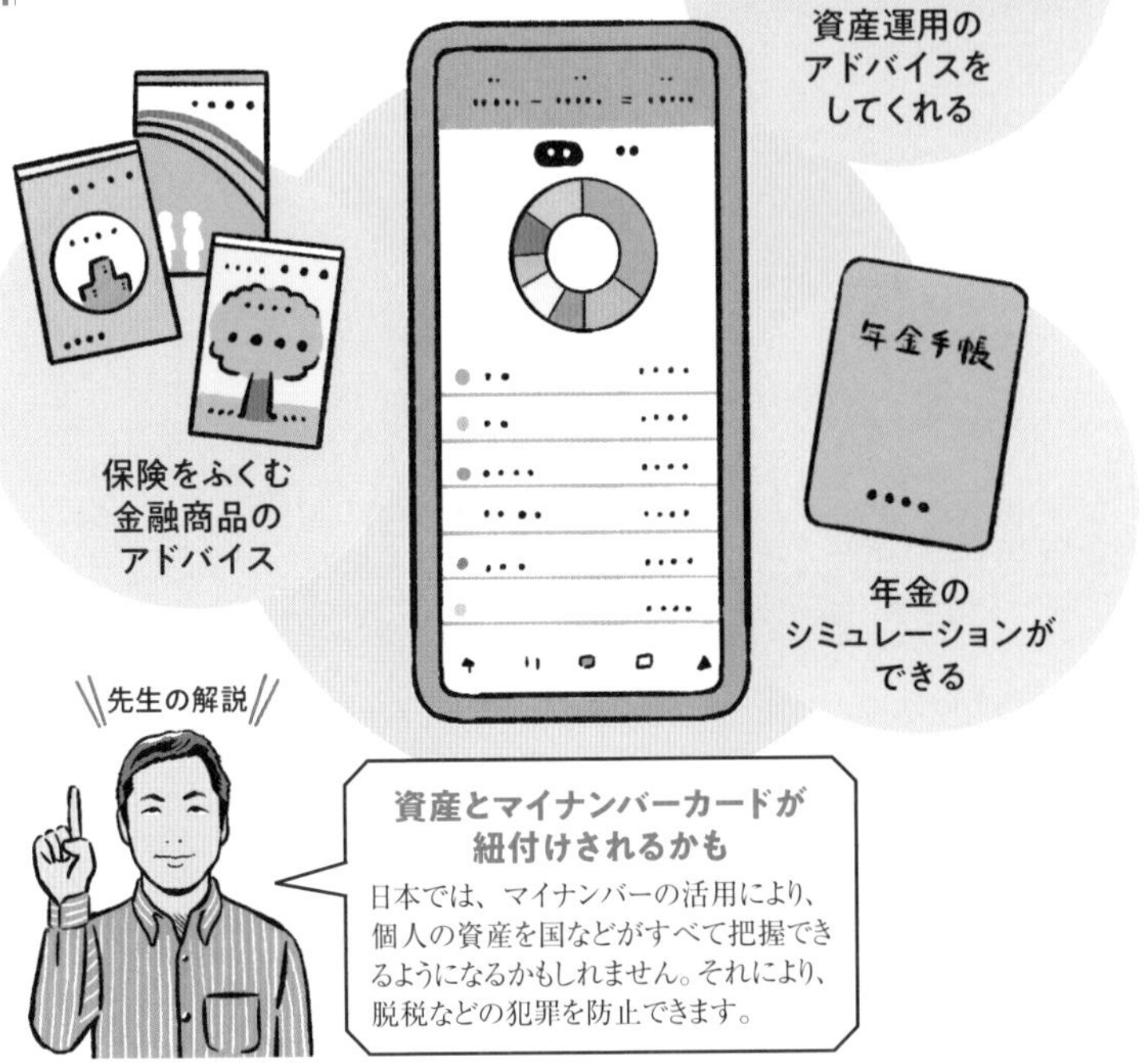
資産運用の
アドバイスを
してくれる
保険をふくむ
金融商品の
アドバイス
年金手帳
年金の
シミュレーションが
できる
先生の解説
資産とマイナンバーカードが
紐付けされるかも
日本では、マイナンバーの活用により、個人の資産を国などがすべて把握できるようになるかもしれません。それにより、脱税などの犯罪を防止できます。

匿名性が高い紙幣は、マネーロンダリングなどの犯罪にも利用されやすい面があります。近い将来、中央銀行デジタル通貨（CBDC）が各国で発行されれば、**紙幣や貨幣そのものがなくなることも予測されます。**

　このようにお金のデジタル化が進むと、お金がどこで、どのように利用され、誰がいくら持ち、誰から誰にわたったか、といったことが記録されるようになるでしょう。つまり、個人とお金がデータで紐付けられるようになると考えられます。

33

金融業界の未来

金融機関の未来はこうなる

ディスインタミディエーション

金融業界の未来の流れとしては、ディスインタミディエーションが進むことがあげられます。ディスインタミディエーションとは、「仲介ができないこと」と直訳されることから、サプライチェーンから仲介業者を排除すること（中抜きをおこなうこと）を指す言葉です。

銀行間の振込や、株式の売買などは、電子化の

銀行の未来

業務の効率化が求められるなかで、 地銀、信金などの地域金融機関は、 集約化・大規模化される動きが強まることが考えられます。

先生の解説

**銀行は価値のある
サービスで収益を上げる**

B to C領域においては、決済手数料で高い収益を上げることは難しくなるため、金融アドバイスサービスなどにシフトしていくでしょう。

手数料無料化の証券会社はどうやって収益を得る?

証券会社では、ネット証券大手が先陣を切って売買委託手数料無料化の動きをはじめています。証券会社が手数料を無料化する理由は、顧客獲得のためです。手数料は証券会社にとっては大きな収益のひとつですが、無料化しても取引以外の付加価値を提供することで収益を得ています。

手数料以外の証券会社のおもな収益

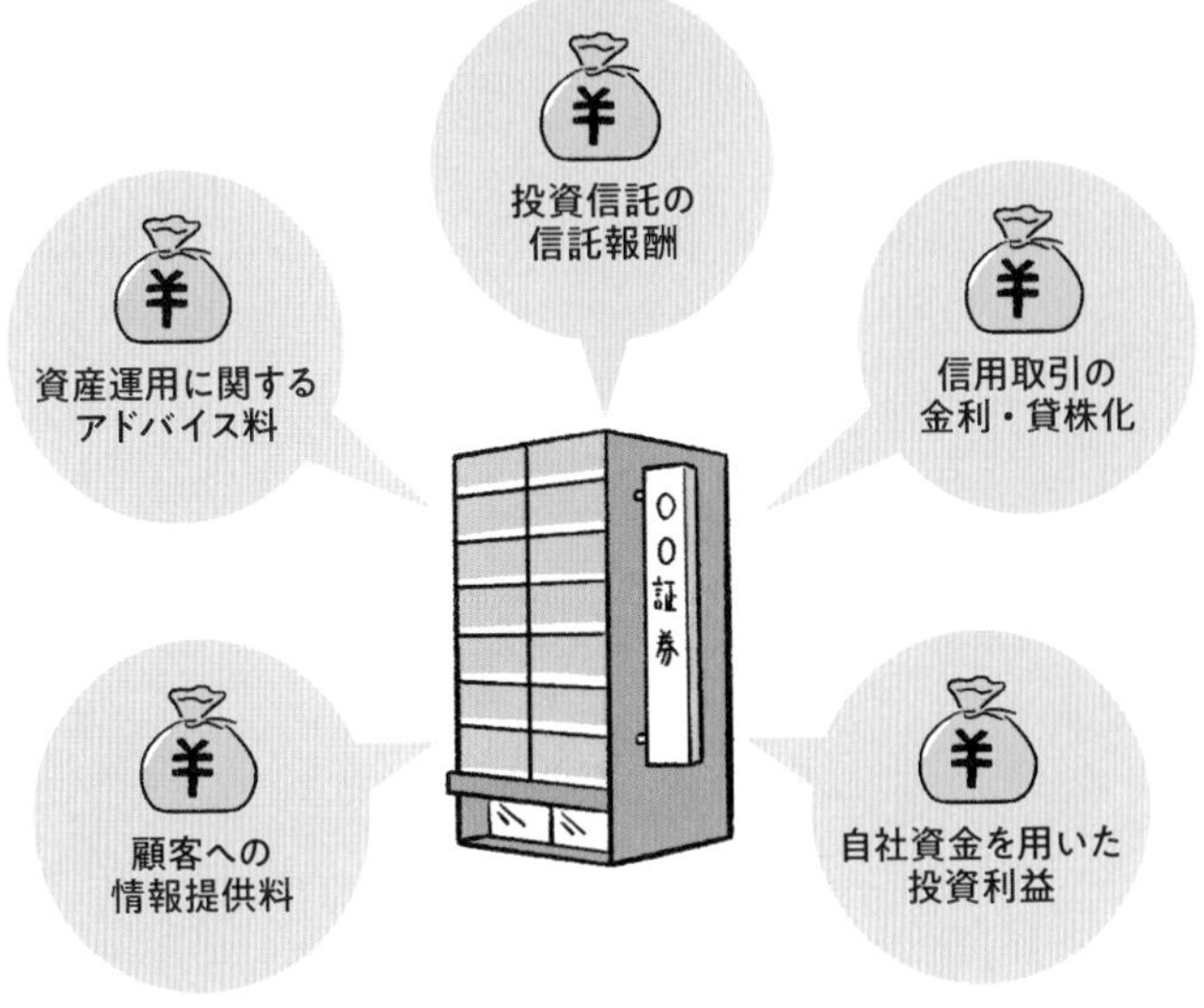
投資信託の
信託報酬
資産運用に関する
アドバイス料
信用取引の
金利・貸株化
○○証券
顧客への
情報提供料
自社資金を用いた
投資利益

進展によって手数料はゼロに近い状況となっています。今後は、手数料ゼロで取り扱う金融機関が増えることが予想されます。

一方で、資産運用のアドバイスなど必要とされるものもあります。今後は、より高度で個人にあったアドバイスに対して、対価を支払うようになっていくでしょう。これが金融機関の収入源となるはずです。

このような動きのなかで金融機関には、従来のビジネスモデルとは異なる収益構造の多角化が求められています。

34

金融DX

金融業界もDXが進んでいる

DX

無店舗化

金融DXの事例

各金融機関では、デジタル技術を用いてさまざまなDXを推進しています。

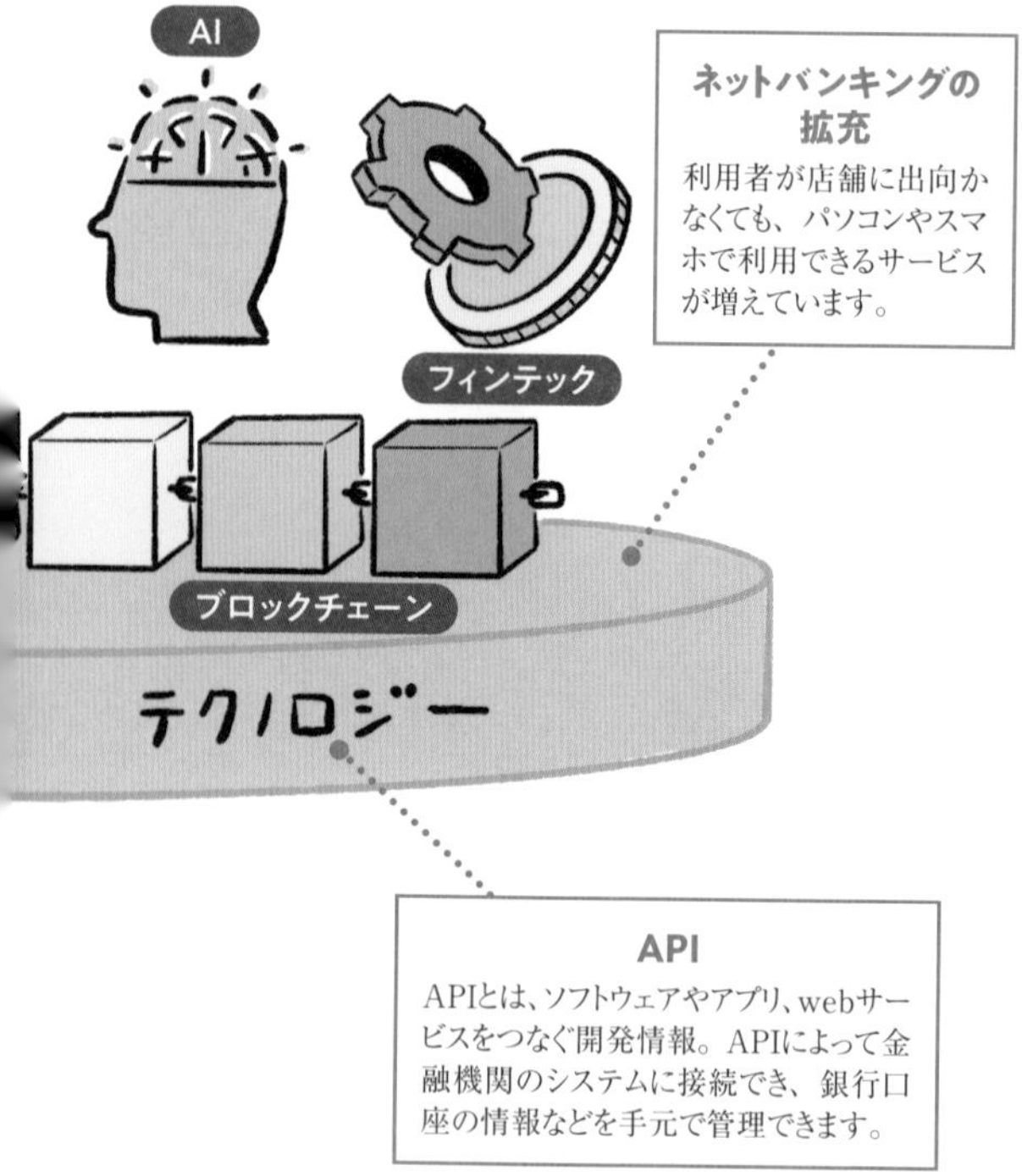
AI
フィンテック
ブロックチェーン
テクノロジー
ネットバンキングの拡充
利用者が店舗に出向かなくても、パソコンやスマホで利用できるサービスが増えています。
API
APIとは、ソフトウェアやアプリ、webサービスをつなぐ開発情報。APIによって金融機関のシステムに接続でき、銀行口座の情報などを手元で管理できます。

DXとは、「Digital Transformation（デジタルトランスフォーメーション）」のことで、デジタル技術を用いて業務プロセス、ひいてはビジネスモデルそのものを変革することです。

金融業は特に厳しいセキュリティ管理が求められる業種であり、また、専用ネットワークシステムが導入されています。そのため、他業界に比べ

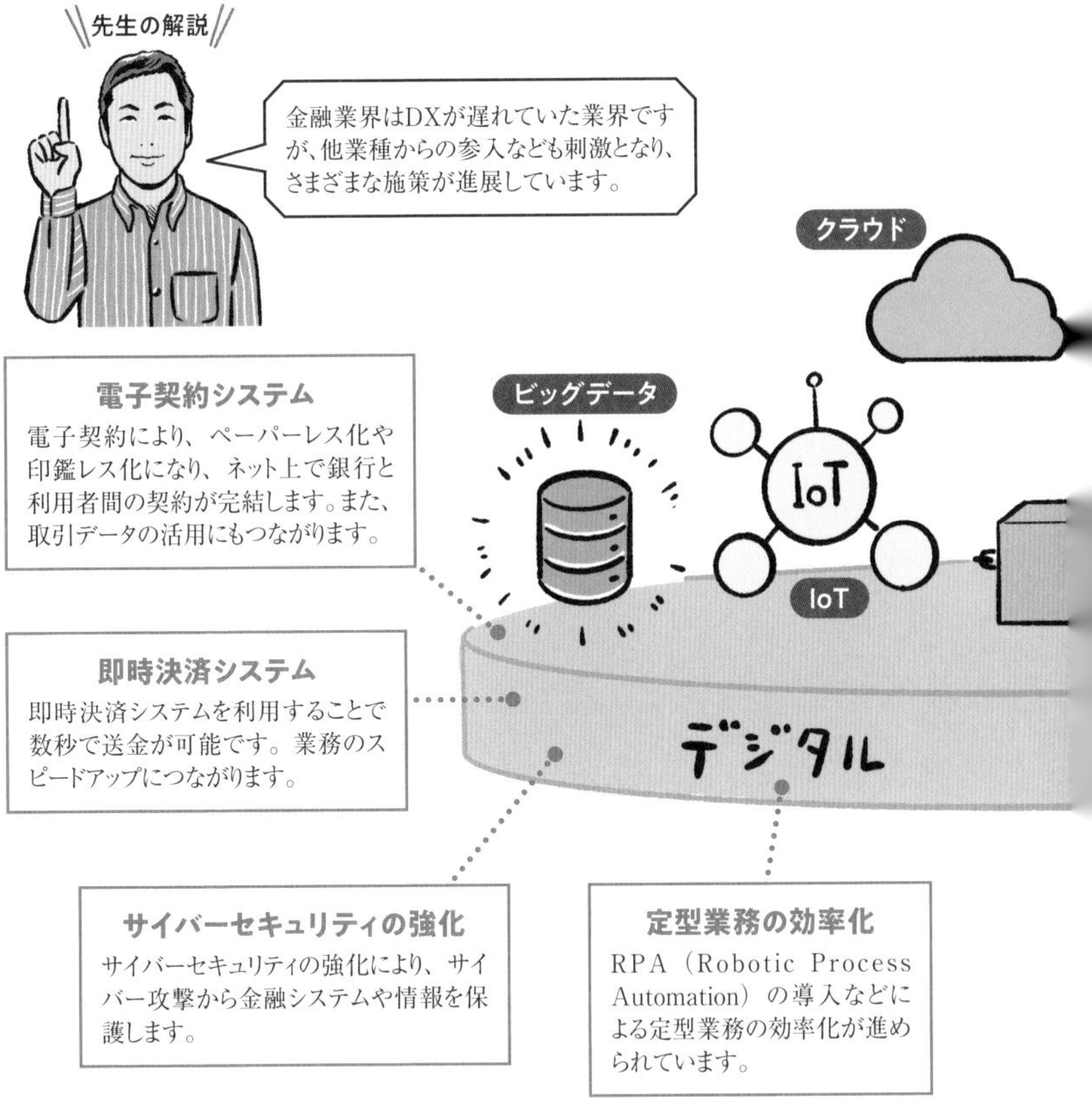
先生の解説
金融業界はDXが遅れていた業界ですが、他業種からの参入なども刺激となり、さまざまな施策が進展しています。
クラウド
ビッグデータ
IoT
IoT
デジタル
電子契約システム
電子契約により、ペーパーレス化や印鑑レス化になり、ネット上で銀行と利用者間の契約が完結します。また、取引データの活用にもつながります。
即時決済システム
即時決済システムを利用することで数秒で送金が可能です。業務のスピードアップにつながります。
サイバーセキュリティの強化
サイバーセキュリティの強化により、サイバー攻撃から金融システムや情報を保護します。
定型業務の効率化
RPA（Robotic Process Automation）の導入などによる定型業務の効率化が進められています。

てＤＸの歩みは進んでいませんでした。

　しかし、ＰａｙＰａｙアプリなどに代表される他業種からの金融業界への参入、暗号通貨に代表されるフィンテックの進展と普及、さらに、国内の人口減少による市場の縮小、顧客ニーズの変化などにより、金融業界もＤＸによる業務革新に取り組まざるを得ない状況になっています。

　具体的には、アプリの活用、それと表裏一体の無店舗化、電子契約システムによる取引データの活用などが進んでいます。

深掘り！

Finance

金融業界のAI活用事例

AI　与信審査　金融のユニバーサル化

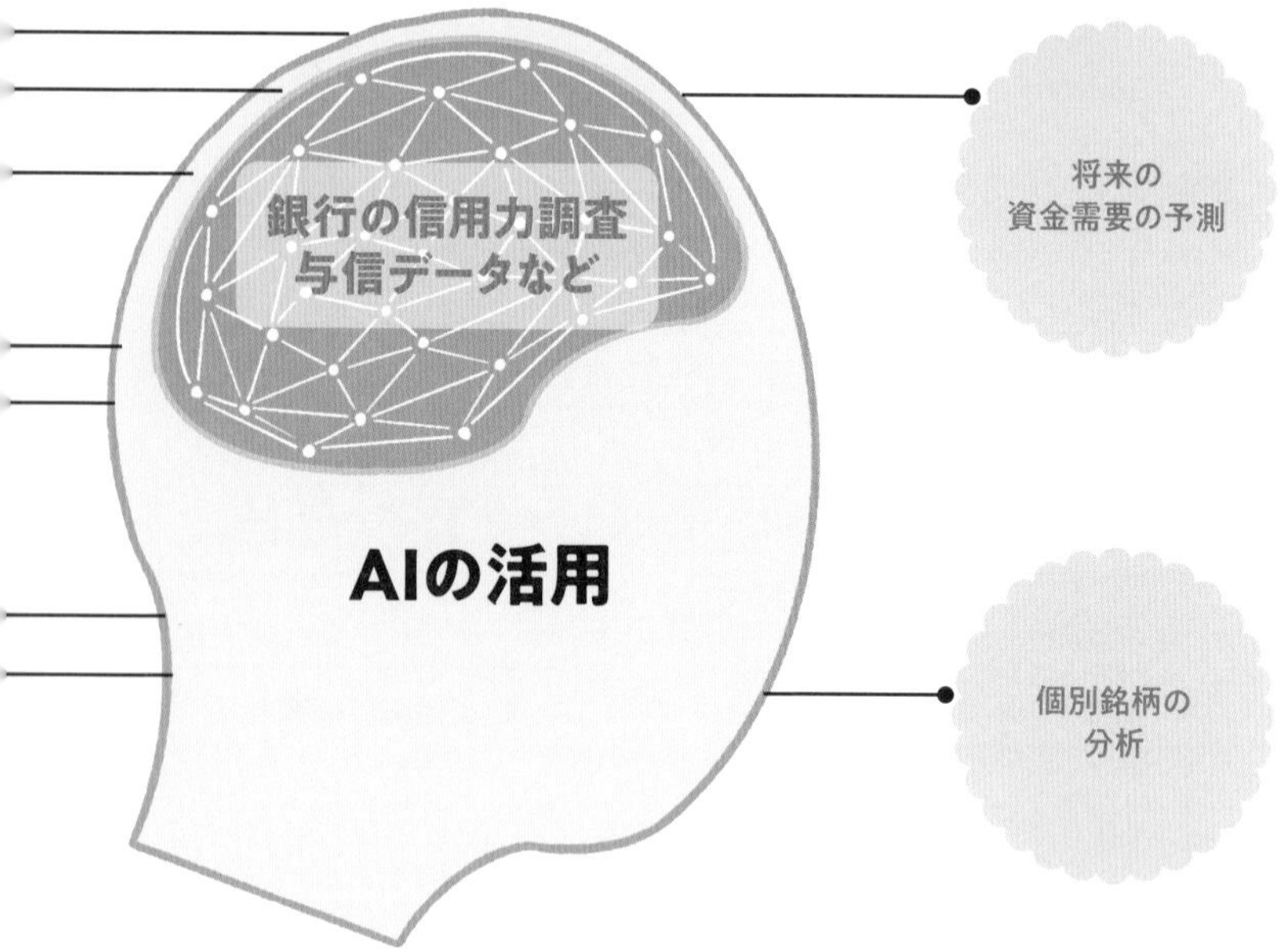
銀行の信用力調査
与信データなど
AIの活用
将来の
資金需要の予測
個別銘柄の
分析

AI（人工知能）は、産業のさまざまな場面で利用されるようになってきました。とくに、ＣｈａｔＧＰＴなどの生成ＡＩは、事務的な業務の多くの場面で利用されています。

金融機関やフィンテック関連において広くＡＩが活用されているのは**与信審査**でしょう。

　これまで企業や個人に融資をする際の与信審査は、多くの定量的、定性的データを、専門の審査担当者が分析しておこなっていました。そこには、審査官の経験に基づく勘

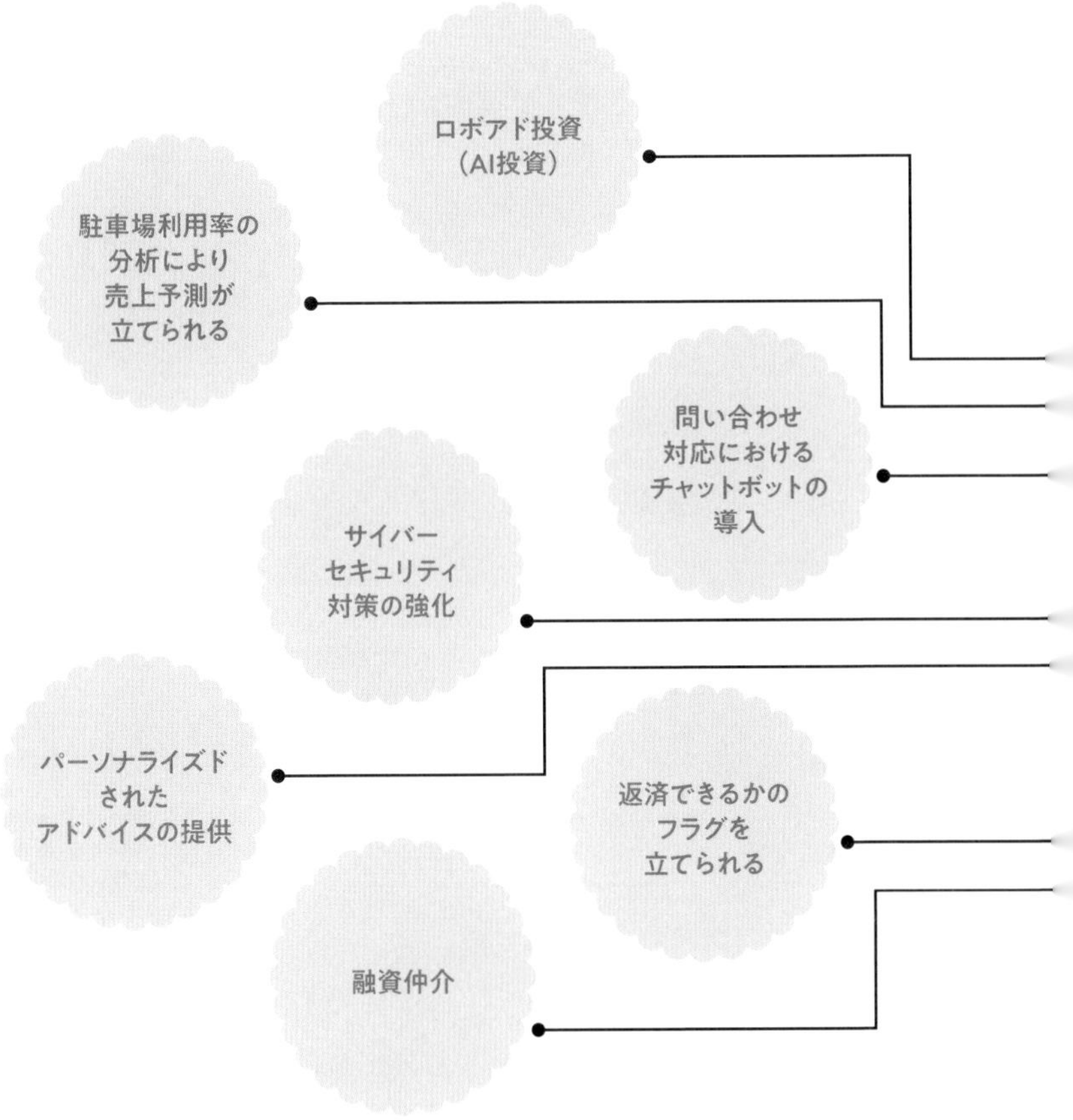
ロボアド投資
（AI投資）
駐車場利用率の
分析により
売上予測が
立てられる
問い合わせ
対応における
チャットボットの
導入
サイバー
セキュリティ
対策の強化
パーソナライズド
された
アドバイスの提供
返済できるかの
フラグを
立てられる
融資仲介

のような要素も重要視されていました。

しかし、ＡＩの活用によって、定量的な財務情報だけではなく、**定性的な非財務情報までふくめた与信審査をおこなうことが可能**になっています。

これにより、融資業務の精度が向上し、審査回答の迅速化をはじめ、銀行口座を持たない人への小口融資（マイクロファイナンス）など、従来の銀行では対応が難しかった領域もカバーできるようになり、**金融のユニバーサル化**が進んでいます。

35
CBDC

CBDC（中央銀行デジタル通貨）は日本に導入される？

CBDC

デジタル円

CBDCは、Central Bank Digital Currencyの略で、日本語では「中央銀行デジタル通貨」といいます。デジタルの通貨なので、一見、暗号資産に似ていますが、次の3つの要素を満たすものがCBDCと定義されています。

①デジタル化されていること
②円などの法定通貨建てであること
③中央銀行の債務として発行

CBDCの流通形態

CBDCの流通形態には、直接型と間接型の2種類あります。

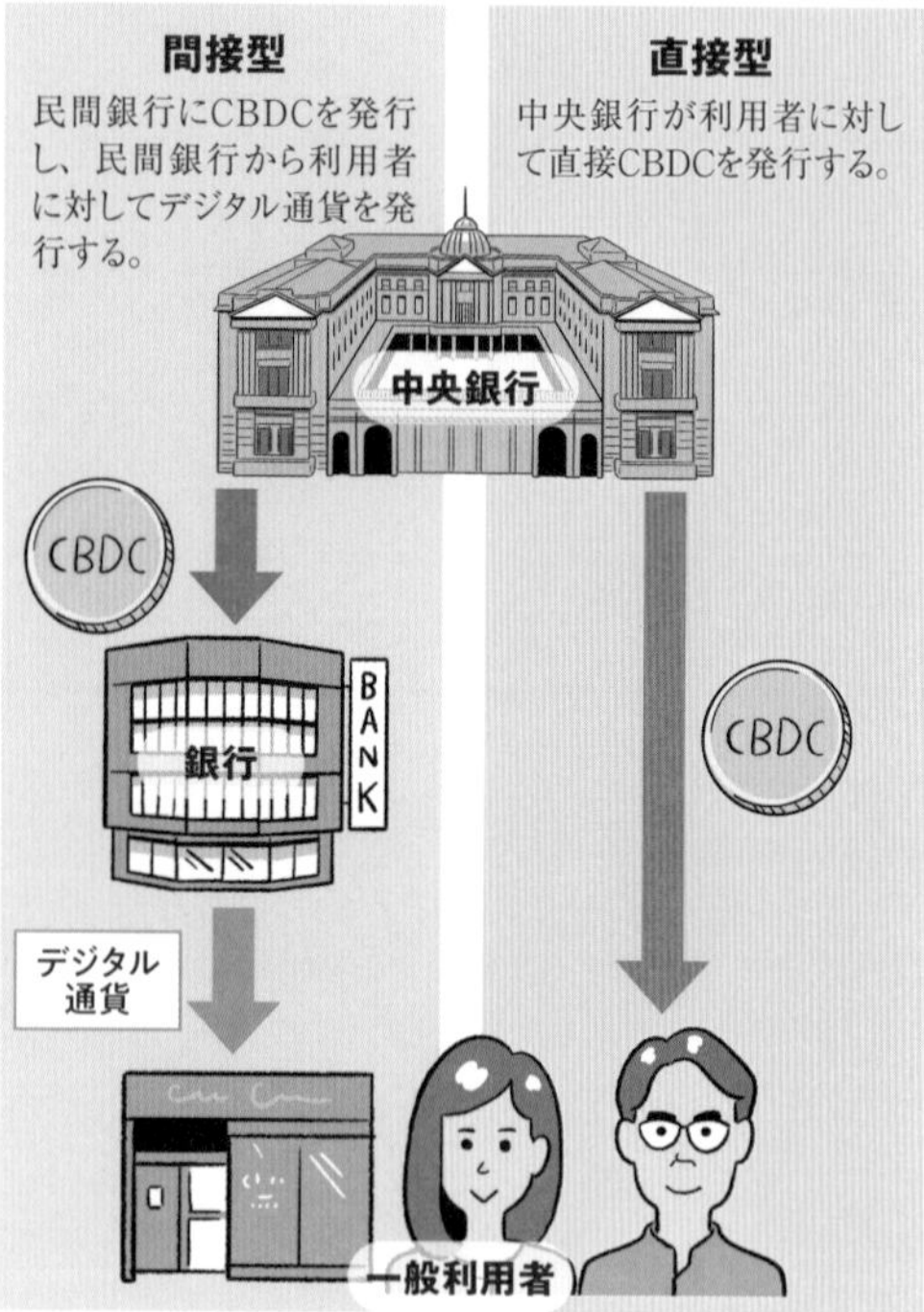

間接型
民間銀行にCBDCを発行し、民間銀行から利用者に対してデジタル通貨を発行する。
直接型
中央銀行が利用者に対して直接CBDCを発行する。
中央銀行
CBDC
BANK
銀行
デジタル通貨
CBDC
一般利用者

期待される機能と役割

日本銀行が公表している「中央銀行デジタル通貨に関する日本銀行の取り組み方針」では、CBDCを導入する場合に期待される機能と役割として次の3点をあげています。

民間決済サービスのサポート

決済システム全体の安定性・効率性を高める観点から、民間決済サービスをサポートするためにCBDCが発行されることがあります。

現金と並ぶ決済手段の導入

現金の代わりに利用できる決済手段になります。

デジタル社会にふさわしい決済システムの構築

日本銀行がCBDCを発行した上で、民間事業者がさまざまなサービスを上乗せして提供すれば、デジタル社会にふさわしい安定的・効率的な決済システムが構築できます。

先生の解説

日本のCBDCは導入未定

日本銀行の報告書によると、今のところCBDCの導入予定はありません。また発行される場合に、どんな技術プラットフォームが用いられるのかなども、一切未定です。

されること

日本銀行でも、２０２１年４月から、民間銀行や他業種事業者などの参加の上で、**日本独自の中央銀行デジタル通貨＝デジタル円**に関する概念実証やパイロット実験が進められています。

ＣＢＤＣには、誰でも使えてすぐに決済できる、決済システムの強靭性やセキュリティなどの特性があります。その反面、ネットワーク障害への対応、不正アクセス防止、プライバシー問題など、解決すべき問題も残っているのが現状です。

深掘り！

Finance

各国のCBDCはどのくらい進んでいる？

デジタル人民元　DCash　バコン　eナイラ

アメリカ
導入を検討中。CBDCの技術開発は進められている。
東カリブ通貨同盟
一般利用型CBDC「DCash」が発行されている。

各国のCBDC

2023年にバンク・オブ・アメリカが公表した報告書によれば、世界の国の67%、GDP（国内総生産）の98%を占める中央銀行がCBDCの発行を検討しています。

国際的に、ＣＢＤＣの導入を実施している、あるいは、実施の検討を進めている国が増えています。バンク・オブ・アメリカの報告書によれば、世界の国の67％、ＧＤＰ（国内総生産）の98％を占める中央銀行がＣＢＤＣの発行を検討しており、そのうちの33％はかなり進んだ段階にあるとされています。

すでに、**ＣＢＤＣが発行されているのは、新興国が多くを占めます。**例えば、バハマ、カンボジア、ナイジェリアなどです。

ＥＵでは、「デジタルユーロ」

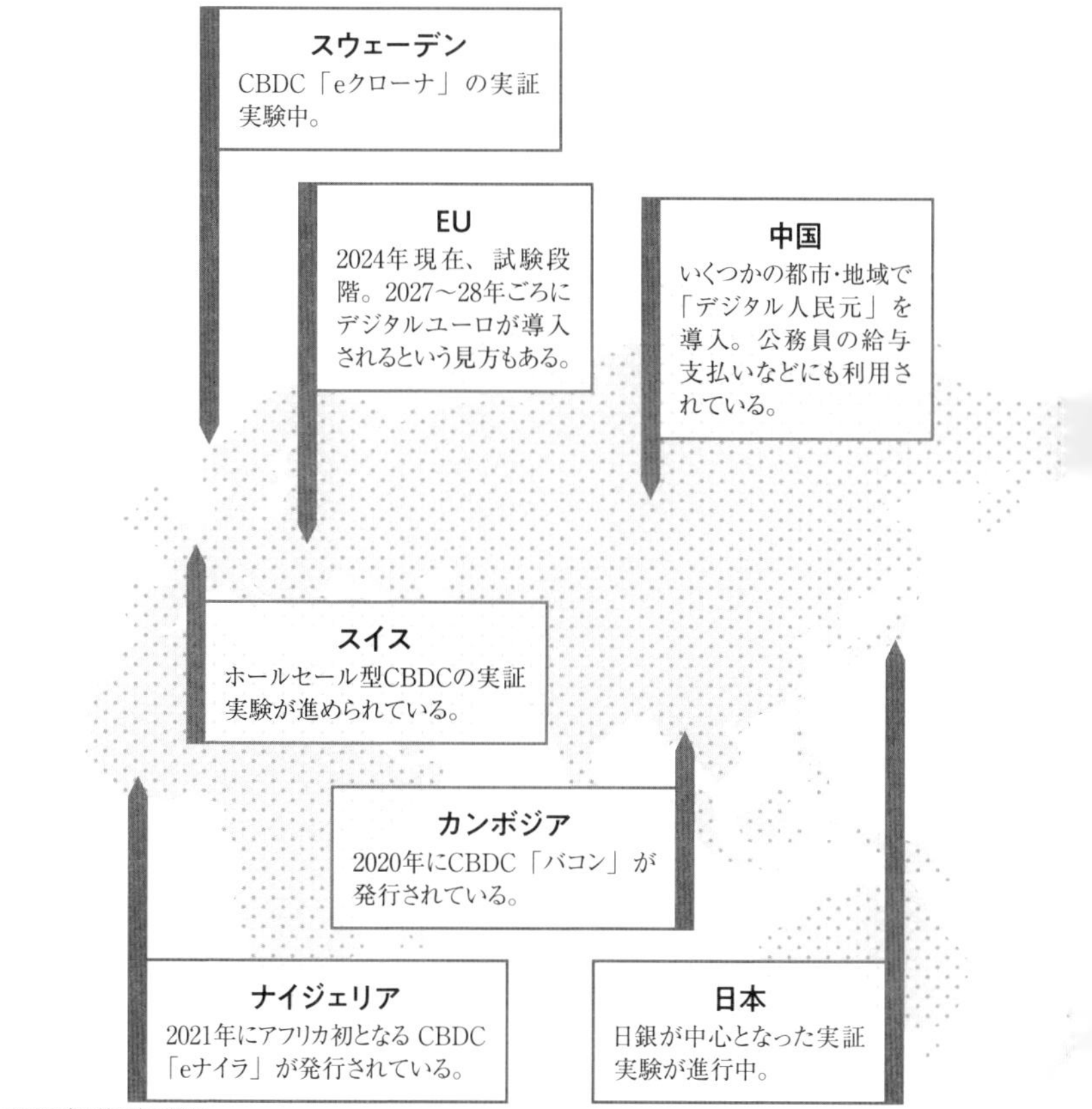
スウェーデン
CBDC「eクローナ」の実証実験中。
EU
2024年現在、試験段階。2027〜28年ごろにデジタルユーロが導入されるという見方もある。
中国
いくつかの都市・地域で「デジタル人民元」を導入。公務員の給与支払いなどにも利用されている。
スイス
ホールセール型CBDCの実証実験が進められている。
カンボジア
2020年にCBDC「バコン」が発行されている。
ナイジェリア
2021年にアフリカ初となるCBDC「eナイラ」が発行されている。
日本
日銀が中心となった実証実験が進行中。

※2024年4月現在の状況

の調査段階を終え、次のフェーズとなる「準備段階」に進んでいます。デジタルユーロが発行されることが正式に決定されてはいませんが、２０２７〜２０２８年ごろに発行されるのではないかという見方が広まっています。

中国は、法定通貨として「**デジタル人民元**」を導入し、いくつかの都市で利用しています。２０２３年６月末時点の累積発行額は１兆８０００億元（約37兆円）にのぼり、デジタル人民元アプリや国際クレジットカードとの連携が可能となっています。

36

SDGs

金融業界とSDGs

PRI

PRB

TCFD

金融業界がおこなっているSDGs

金融機関は、融資や投資を通じて、SDGsへのさまざまな貢献をおこなっています。

Gs

グリーンボンド

環境問題解決を目指す事業（グリーンプロジェクト）の資金調達のために、企業や地方自治体などが発行する債券のこと。

金融包摂

すべての人々が、経済活動に必要な金融サービスを利用できる取り組み。

トランジション・ファイナンス

脱炭素化を目指して温室効果ガス排出量削減に取り組む企業に対して資金を供給する新しい金融手法。

インパクト投資

財務的な収益を追求しつつ、社会的および環境的なインパクト（よい影響）の創出を目的とする投資手法。

ＳＤＧｓとは、「Sustainable Development Goals：持続可能な開発目標」のことです。17の目標、１６９のターゲットから構成されており、あらゆるステークホルダーに２０３０年までの目標達成に向けた行動が求められています。

金融業界においては、２０１５年のＳＤＧｓ以前から、ＥＳＧ（Environment：環境、

先生の解説

新しい取り組みで GX推進をサポート

日本では、2023年に成立したGX推進法に基づく「2050年の温暖化ガス排出実質ゼロ」の実現に向け、今後10年間で150兆円規模の投資が必要となります。金融業界においては、新しい取り組みによるGX推進のサポートが求められています。

SD
サステナビリティ・リンク・ローン
借り手のサステナビリティ・パフォーマンス・ターゲット（SPTs）を達成することを奨励するローン。
ソーシャルビジネスへの資金提供
社会問題の解決や社会課題の達成を目指す事業へ資金を提供する。
ESG投資
環境、社会に配慮し、適切な企業統治がなされている企業に投資すること。
SRIファンド
企業が社会的責任を積極的に果たしているかを判断基準として投資対象を選定するファンド。

Social：社会、Governance：企業統治）に配慮した投資をうながすPRI（責任投資原則）や、PRB（責任銀行原則）、FSB（金融安定理事会）によるTCFD（気候関連財務情報開示タスクフォース）の最終報告などが検討され、**社会の持続可能性をそこなわずに企業価値を向上させるための、金融機関の行動原則が**いくつも提唱されています。

それらは広い意味では、スチュワードシップ・コード（金融機関を中心とした機関投資家の行動原則）の一環として位置づけられるものです。

37

金融教育

金融教育の現状と未来

金融リテラシー

金融経済教育推進機構

金融リテラシーとは

金融リテラシーとは、お金に関する意思決定をおこなうことができる知識やスキルのことです。今後、日本の教育では、金融リテラシーを学ぶことになるでしょう。

お金を借りる
外部知見の活用
金融トラブル

金融広報中央委員会が２０２２年に実施した調査によると、過去に金融経済教育を受けたことがある人は、わずか７％。以前は、高校までの教育でまとまった金融教育は実施されていませんでした。また、「お金のことを話すのははしたない」といった、古くからの道徳規範も残っているため、家庭でも金融教育がなされることはま

先生の解説

金融経済教育推進機構が設立

2022年、岸田内閣の目玉政策として新しい資本主義実現会議でまとめられた「資産所得倍増プラン」では、柱の1つとして「安定的な資産形成の重要性を浸透させていくための金融経済教育の充実」が盛り込まれました。それを受けて2024年に金融経済教育推進機構が設立されました。
同機構は、官民一体となって、金融経済教育を戦略的に推進し、国民の金融リテラシーの向上を図るためのハブとなることが期待されています。

金融教育で学ぶこと
家計管理とライフプランニング
保険で備える
お金を貯める・増やす

れでした。結果として、多くの人が金融は難しく近寄りがたいもの、という先入観を持っています。しかし、金融は社会にとって不可欠なものであり、避けて通ることはできないものです。

２０２２年からは高校の学習指導要領改訂にあわせ、金融教育が拡充されました。また、２０２４年には、金融教育を専門に扱う公的機関である金融経済教育推進機構が設立されました。これらによって、日本人の金融リテラシーも今後は向上していくことが見込まれます。

おわりに

conclusion

より楽しく豊かな生活を送るために、金融の学びを「活かす」、「実践する」、「深める」ことが大切

いかがだったでしょうか？　本書を通じて、お金が社会や経済を動かす血液のような役割をしていること、今まで聞きなれなかった金融・経済ニュースが自分の生活に関係していることが理解できたのではないでしょうか。

今後、テレビや新聞のニュースで、本書で紹介したキーワードを度々目にすることがあると思います。その時にどんな現象が起きているのか、何が原因で、どのような影響があるのか、損する人得する人は誰なのかといった視点で見ていきましょう。そうすると、今まで自分とは関係ないと思っていたニュースを自分ごととして捉えられるようになり、学びを深めることができます。

また、「投資」を実践することも、学びを深めることにつながります。個人的には、ＮＩＳＡを投資信託で月１００円からはじめるのがオススメです。投資をはじめれば、毎日変動する価格の原因がなんなのかを知りたくなり、金融ニュースをより興味深く、楽しく見られるようになります。

２０２２年から高校の家庭科で金融教育が拡充されたことが話題となりました。みなさんの多くは高校を既に卒業された方ばかりだと思いますが、今学校で教えられている金融教育の内容は、大人にも参考になることばかりです。金融庁では、高校の授業で使われている資料を公開しています。「金融庁　金融経済教育指導教材」で検索してみてください。この資料には、家計管理、ライフプランニング、備える、資産形成、お金を借りる、金融トラブルといったことがまとめてあります。こちらをベースに、さらにお金に関して実践的な内容を身に付けていくとよいでしょう。

金融に関する学びに終わりはありません。世の中は日々変化していきますし、金融商品・サービスも新しいものがどんどん開発され、登場しています。今後も学びを重ね、新しい商品もうまく活用しながら、日々の生活をより楽しく豊かにしてもらえればと思います。本書がその一助になれば幸いです。

塚本俊太郎

用語集

抑えておきたい金融用語をまとめました。わからない用語が出てきたときの参考にしてください。

欧文

CBDC …… 144ページ
中央銀行デジタル通貨のこと。

ETF …… 106ページ
上場投資信託のこと。

FRB …… 32ページ
アメリカの中央銀行制度の中心的組織「連邦準備制度理事会」のこと。

FX …… 110ページ
外国為替証拠金取引のこと。

iDeCo …… 130ページ
私的年金の一種で、個人型確定拠出年金のこと。

REIT …… 100ページ
不動産投資信託のこと。

あ行

暗号資産 …… 120ページ
ネット上でやりとりできる財産的価値。

インカムゲイン …… 57ページ
投資対象を保有し続けることで得られる利益。

インフレ …… 38ページ
物価が持続的に上昇していく状態のこと。

運用管理者（ファンドマネージャー） …… 103ページ
投資信託の運用をおこなう専門家。

円高 …… 48ページ
外貨に対し円の価値が上がること。

円安 …… 48ページ
外貨に対し円の価値が下がること。

オプション取引……116ページ
対象商品の「買う権利」や「売る権利」を売買する取引。

オルタナティブ投資……126ページ
伝統的な投資以外を対象とする投資。

外貨預金……108ページ
日本円を外貨に交換して預金すること。

外国為替……46ページ
異なる国（通貨）の間で決済をする仕組み。

額面金額……92ページ
債券の券面上の価格。

株価指標……91ページ
企業の株価を評価するときに用いる指標。

株式……86ページ
株式会社が資金を調達するために発行する有価証券。株式の購入者は株主と呼ばれ、会社の一部を所有することになる。

株式市場……37ページ
発行された株式を売買する市場。

株主優待……89ページ
株主に自社製品や優待券などをプレゼントする制度。

為替リスク……67ページ
為替レートの変動によるリスク。

為替レート……46ページ
異なる通貨の交換比率のこと。

間接金融……18ページ
金融の形態のひとつで、貸し手と借り手の間を銀行が仲介する仕組み。

カントリーリスク……67ページ
政変や戦争などにより、投資商品の価格が変わるリスク。

機関投資家……126ページ
顧客から拠出された資金を運用・管理する法人の投資家のこと。

基準価額……105ページ
投資信託の価格のこと。

キャピタルゲイン……56ページ
価格の値上がりによる売却益。

キャピタルロス……57ページ
価格の値下がりによる売却損。

金融市場……36ページ
資金の需要者と供給者がそれぞれのニーズを満たすために資金を交換する市場。

金融政策……34ページ
中央銀行がおこなう物価を安定させるための政策のこと。

金融リテラシー……150ページ
お金に関する意思決定をおこなうことができる知識やスキル。

金利・利率・利回り…40、70ページ
元本に対して受け取る利息、または支払う利子の割合のこと。

クーポン……93ページ
利付債に付いている利子。

コモディティ投資……118ページ
デリバティブで取引される、貴金属や穀物、エネルギーなどの商品に投資すること。

さ行

債券……92ページ
国や地方自治体、民間企業などが発行する有価証券。購入者には定期的に金利が支払われ、償還日に額面金額が払われる。

先物取引……115ページ
将来の決められた日に、取引時点で決められた価格で売買することを事前に約束した取引。

私的年金……130ページ
公的年金に上乗せして、個人や企業が任意で加入することのできる年金制度。

償還日……93ページ
債券の場合、債券の保有者に額面金額を払い戻す満期日のこと。

証券取引所……76ページ
株式や債券などの売買取引をする施設。

上場……77ページ
株式や債券などを証券取引所で売買できるようにすること。

スワップ取引……117ページ
金融機関同士が将来発生する金利債務などのキャッシュ・フローをお互いが交換する取引。

スワップポイント……113ページ
低金利通貨を売り、高金利通貨を買うことで受け取る金利収入。

短期金融市場……36ページ
1年以内に返済したり、満期を迎えたりする金融商品の市場のこと。

単利……72ページ
元本に対してのみ利子が付く計算方法。

中央銀行……30ページ
国または地域の金融の中核となる公的銀行。

長期金融市場……36ページ
1年を超えて返済したり、満期を迎えたりする金融商品の市場のこと。

直接金融……18ページ
金融の形態のひとつで、株式や債券の発行により直接投資家から資金を調達すること。

デフォルトリスク……66ページ
発行体の債務不履行によるリスク。

デフレ……38ページ
物価が持続的に下落していく状態のこと。

デリバティブ商品……114ページ
原資産となる金融商品やコモディティなどから派生した商品。

投資信託（ファンド）……102ページ
多数の投資家から資金を集め、その資金を専門家が投資運用し、得られた利益を投資割合に応じて投資家に分配する金融商品。

な行

ノンバンク……27、29ページ
銀行とは異なり預金は扱わないが、おもに個人向けに融資業務をおこなう金融機関のこと。

は行

配当……89ページ
会社の事業活動によって得られた利益の一部を株主に現金として支給するもの。

発行体……92ページ
債券を発行する主体のこと。

標準偏差……62ページ
統計学において、ばらつきの幅（散布度）を計測する手法。

フィンテック……134ページ
従来の金融サービスとＩＴ技術を組み合わせたことで生まれた事業領域などのこと。

複利……72ページ
元本に加え、受け取った利子にも利子が付く計算方法。

ブロックチェーン……125ページ
分散型台帳を利用する際に、暗号資産取引の照合に活用されている技術。

ヘッジ……114ページ
原資産の価格変動による損失を限定すること。

ま行

マイナス金利……35ページ
中央銀行が民間の金融機関から預かる当座預金の一部にマイナスの金利をつけること。

ら行

利子・利息……71ページ
お金の貸し借りをするときに、お金を借りた人が貸した人に支払う（受け取る）手数料のこと。

リスク……60ページ
想定している収益からどれくらい変動する可能性があるかの幅のこと。

リターン……62ページ
投資に対する収益率のこと。

流動性リスク……66ページ

売りたいときに売れないリスク。

レバレッジ……112ページ

FXなどにおいて、預け入れた資金の何倍もの取引をおこなえるようにする仕組みのこと。プラスにもマイナスにも値動きが大きくなる効果がある。

本書の次に読む資料・書籍

金融について学びを深めたい方に、以下の資料や書籍をおすすめします。

高校向け 金融経済教育指導教材（金融庁）
https://www.fsa.go.jp/news/r3/sonota/20220317/20220317.html

『大学4年間の金融学が10時間でざっと学べる』
植田和男著／KADOKAWA

『［新板］この1冊ですべてわかる　金融の基本』
田淵直也著／日本実業出版社

『金融［新板］』
内田浩史著／有斐閣

『図解即戦力　金融のしくみがこれ1冊でしっかりわかる教科書』
伊藤亮太著／技術評論社

監修　塚本俊太郎（つかもと・しゅんたろう）

金融教育家。慶應義塾大学総合政策学部、米国シラキュース大学大学院国際関係論卒業。20年超外資系運用会社で勤務したのち、金融庁の金融教育担当として高校家庭科での金融経済教育指導教材や小学生向けコンテンツ「うんこお金ドリル」の作成を担当。現在は金融リテラシーや資産形成について講演等を行う。NHK Eテレ「趣味どきっ！ 今日から楽しむ“金育”」講師。

https://shuntarotsukamoto.com

本書の内容に関するお問い合わせは、**書名、発行年月日、該当ページを明記**の上、書面、FAX、お問い合わせフォームにて、当社編集部宛にお送りください。**電話によるお問い合わせはお受けしておりません。**また、本書の範囲を超えるご質問等にもお答えできませんので、あらかじめご了承ください。

FAX：03－3831－0902

お問い合わせフォーム：https://www.shin-sei.co.jp/np/contact.html

落丁･乱丁のあった場合は、送料当社負担でお取替えいたします。当社営業部宛にお送りください。

サクッとわかる ビジネス教養　金融学

2024年6月25日　初版発行

監修者　塚本俊太郎
発行者　富永靖弘
印刷所　公和印刷株式会社

発行所　東京都台東区台東2丁目24　株式会社　新星出版社
〒110－0016　☎03(3831)0743

ISBN978-4-405-12030-3